2023 2024

PSG
GUIDE-BOOK

LEE
KANG
IN

CONTENTS

HISTORY 1

파리지앵 클럽이 탄생하다

1969년 프랑스 화물 업체를 운영하는 가이 크레상트 회장이 축구 클럽을 창단했다.
이름은 '파리 FC'였다. 홈 경기장이나 선수단, 코칭스태프 등 기본 구성원은 없었다.
파리 연고 클럽이란 법적 지위만 있을 뿐이었다.
서류상으로만 존재하는 축구 클럽 '파리 FC'는 도대체 왜 생긴 걸까?

프랑스의 수도 파리는 정치, 경제, 문화를 아우르는 상징적 도시다. 17세기 부르봉 왕조
는 전 유럽에 막강한 영향력을 행사했다. 18세기 일어난 프랑스혁명은 전 세계에 민주공
화국이란 개념을 퍼트렸고, 19세기 파리에 모인 수많은 예술가가 근현대 미술의 개념을
설계했다. 근현대에 걸쳐 파리는 스포츠 분야에서도 선도적 역할을 담당했다. 1894년
피에르 드 쿠베르탕 남작은 국제올림픽위원회(IOC)를 설립해 고대 그리스의 올림피아를
부활시켰다. 1904년 5월에는 파리에서 유럽 7개국이 모여 국제축구연맹(FIFA)이 문을
열었다. 일간지 〈레퀴프〉의 기자였던 가브리엘 아노가 제시한 아이디어는 1955-56시즌
유러피언 챔피언스컵의 창설로 실현되어 첫 번째 결승전이 파르크 데 프랑스에서 개최
되었다. 현재 챔피언스리그의 출발이었다.

C'EST PARIS

CUP
COLLECTIF ULTRAS PARIS

SOMMES INVIN

SOLDATS SONT DERRIÈRE VOUS

파리의 축구 자부심에 걸맞지 않은 구석이 바로 연고 클럽의 부재였다. 1969년 프랑스 1부 리그에는 파리 연고 클럽이 레드스타 FC뿐이었다. 하지만 레드스타는 2년 전 1부에 있던 툴루즈 FC(현 툴루즈와 다른 클럽)와 합병을 통해 최상위 리그에 합류한 케이스였다. 매 시즌 강등을 걱정할 정도로 전력도 약했다. 프랑스축구협회를 비롯한 파리의 재력가들은 파리의 명성에 걸맞은 연고 클럽이 필요하다는 결론에 이르렀다. 크레상트 회장이 일단 파리 FC를 설립했고, 프랑스축구협회의 앙리 파트렐 부회장, 프랑스골프협회의 피에르-에티앵 구요 회장이 머리를 맞댔다. 세 사람의 벤치마킹 대상은 레알 마드리드였다.

스페인 수도를 연고로 하는 레알은 빛나는 역사, 폭넓은 팬 베이스, 거대한 규모와 명성을 뽐내는 메가 클럽이었다. 레알을 이끌던 산티아고 베르나베우 회장은 '파리 클럽 창단 계획'에 자금력의 중요성을 강조하면서 시민을 대상으로 주주를 모집해 보라는 방법을 권고했다. 파리 연고 클럽이란 대의명분을 살리는 동시에 시민들의 자발적 참여를 통해 팬 베이스를 확보할 수 있는 묘안이었다.

크레상트 회장과 파트렐 부회장은 승강 디비전 제도 아래서 파리 FC가 당장 최상위 리그에서 출발할 방법도 찾아냈다. 파트렐 부회장이 소유한 2부 클럽 '스타드 생제르맹'과 파리 FC를 합치는 것이었다. 스타드 생제르맹은 파리에서 서쪽으로 약 15km 떨어진 생제르맹앙레에서 1907년 창단된 클럽이었다. 생제르맹앙레는 '태양왕' 루이 14세가 태어난 곳으로 유명한 지역이었다. 파리 FC를 설립했던 크레상트 회장이 자금 및 행정 부문을 담당했고, 파트렐 협회 부회장은 본인이 소유한 실제 클럽 스타드 생제르맹의 인프라를 제공하는 모양새였다. 창단 및 운영 자금을 마련하는 주주 모집에 약 2만 명의 파리지앵이 몰렸다. 파리 시민의 뜨거운 관심이 실재했다는 증거였다. 두 사람은 1970년 6월 17일 '파리 생제르맹(PSG)'이란 명칭으로 법인을 설립했다. 프랑스 체육계에서 명망이 높았던 구요 골프협회장이 초대 회장으로 추대되었다. 그리고 8월 12일 파리 생제르맹은 첫 훈련을 통해 정식 창단에 성공했다.

파리 개조 사업

어니스트 헤밍웨이는 파리를 사랑했다. 그가 남긴 "운 좋게 젊은 날을 파리에서 보낸 사람이라면, 나머지 인생 중 어디를 가든지 파리와 함께할 것이다. 파리는 움직이는 축제이기 때문이다"라는 어록이 거장의 파리 사랑을 보여 준다. 낭만만 있는 게 아니다. 에투알 개선문을 중심으로 12개 방향으로 곧게 뻗은 도로들, 강박적으로 행과 열을 맞춘 고풍스러운 건물들, 무채색으로 통일된 매장 간판들을 보면 파리가 자연발생이 아니라 철저한 계획에 의해 그려진 메트로폴리탄이라는 사실을 쉽게 알 수 있다. 그런데 19세기 중반까지 우리가 아는 이런 파리는 세상에 존재하지 않았다.

1852년 나폴레옹 보나파르트의 조카가 '나폴레옹 3세' 황제로 즉위했다. 부활한 군주제는 당장 파리 개조 사업을 진행시켰다. 그 전까지 파리는 중세 도시의 전형이었다. 상하수도 시설이 없는 주택에는 화장실이 아예 없었다. 주민들은 각종 오물을 2층 창문 밖으로 던져 처리했다. 길거리에는 오물과 각종 쓰레기가 뒤섞여 악취가 진동했다. 산업화로 인한 인구 폭증은 콜레라 창궐로 이어졌다. 파리 북서부로 떠난 부유층의 빈자리를 빈민층이 차지하면서 파리 도심은 슬럼화가 진행되었다. 프랑스 혁명과 10월 혁명 당시 민중이 바리케이드를 세워 정부군에 저항할 수 있었던 것도 도심의 좁은 골목 덕분이었다. 정부와 상류층에 대한 불만을 품은 빈민 계층이 도심에 집중적으로 몰린 상황은 1852년 황제로 즉위한 나폴레옹 3세에겐 두려움의 원인이었다.

이듬해 나폴레옹 3세는 조르주-외젠 오스만 남작을 파리시장으로 임명해 '파리 개조 사업'을 진두지휘하도록 했다. 키워드는 '도시의 환기와 미화, 통일'이었다. 오스만 남작은 파리를 12개 구역(이후 20개 구로 사업 변경)으로 분할해 정부의 토지수용권을 발동해 대대적 재개발 사업에 돌입했다. 1860년까지 주택 2만여 채가 강제 철거되어 골목과 도로가 넓어졌다. 상수도 600km, 하수도 340km도 새롭게 설치되었다. 주요 기능을 담당할 대로는 '불바르Boulevard'라는 명칭으로 새롭게 들어섰다. 오스만 남작은 미화와 통일이란 목적도 달성했다. 신축된 4만여 채의 주택 및 건물은 높이 20m 이상, 지붕 각도 45도, 크림색 외벽, 장식이 달린 2층 발코니, 창문만 있는 3, 4층 등의 강력한 규제를 준수하며 지어졌다. 초대형 오페라극장인 오페라 가르니에도 새롭게 들어섰다. 사업 중단과 재개, 재개발에 재개발을 거치면서 파리는 중세의 낡은 옷을 벗고 근대적 도시로 탈바꿈하는 데에 성공했다.

파리의 드라마틱한 변화는 찬반양론을 불렀다. 1867년 파리를 방문한 미국 작가 헨리 터커먼은 "오스만 남작은 넓은 거리를 조성하고 구역을 정비했는데, 오래된 불결함을 현대적 우아함으로 교체했다"라고 호평했다. 하지만 독일 철학자 발터 벤야민은 "오스만이 벌인 사업의 진정한 목적은 내란이 발생할 경우를 대비하는 것. 파리 거리에 바리케이드를 구축하는 것을 영구적으로 불가능하게 만들고 싶어 했다"라며 파리 개조 사업의 정치적 노림수를 꼬집었다. 19세기 파리에서 현대 미술로 가는 문을 연 예술가들은 "숨 막힐 정도의 단조로움"이라며 벤야민의 편에 섰다. 사회적 변화도 생겼다. 상류층은 외곽, 빈민층은 도심이었던 구도도 도심 임대료 폭등으로 완전히 반전되었다. 빈자들은 짐을 싸 외곽으로 떠나야 했고, 새롭게 들어선 신축 건물은 도심으로 복귀한 부자들의 차지가 되었다. 19세기 파리 개조 사업의 영향은 지금까지 유효하다. 파리는 건축물에 관한 규제가 까다롭기로 유명하다. 구역에 따라 고도 제한이 엄격하게 적용된다. 간판을 설치하려면 3~4개월씩 소요되는 심사를 거쳐야 한다. 글씨는 흰색 또는 금색(노랑 계통)만 가능하고 돌출 간판은 불가능하다. 이렇게 엄격하고 획일화된 겉모습의 파리가 여전히 전 세계 예술과 문화의 심장이라는 사실은 역설적이다.

PARISTOURMAP

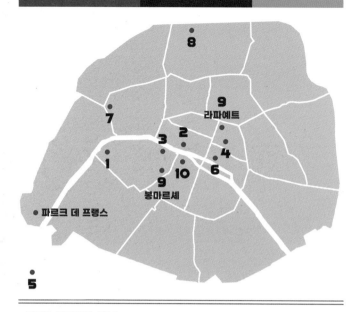

1

에펠탑
La tour Eiffel

1889년 프랑스 혁명 100주년이자 만국박람회를 기념해 만들었다. 신축 당시 파리지앵으로부터 "추악한 철 덩어리"라는 오명을 얻었지만, 이제는 파리의 아이콘이 되었다. 해가 떨어지면 채광 센서가 작동해 밤 11시 45분까지 화려한 조명으로 빛난다. 매 시간마다 5분씩 펼쳐지는 조명 쇼가 큰 인기를 끈다. 귀스타브 에펠의 작품.

파리 뮤지엄 패스

- 2일 55유로 / 4일 70유로 / 6일 85유로 *E-티켓 기준
- 파리 관광 명소 50여 곳(루브르 박물관, 오랑주리 미술관, 에펠탑, 퐁피두 센터 등)
- 현장 티켓 구매를 위한 대기 시간을 줄일 수 있다. 단, 1개소의 중복 방문은 불가능

5

6

7

베르사유 궁전
Château de Versailles

파리에서 남서쪽 방향 22km 떨어져 있어 국철을 타고 간다. '태양왕' 루이 14세의 강력한 왕권을 상징한다. 1919년 베르사유 조약이 맺어진 '거울의 방'이 제일 유명하다. 루이 15세의 정부 퐁파두르의 별궁(프티 트리아농), 루이 16세의 부인 마리 앙트와네트가 서민 생활을 체험하려고 조성한 마을 등, 볼거리가 풍성하다.

노트르담 대성당
Cathédrale Notre Dame

14세기 완공된 고딕 양식의 대성당. 이곳에서 나폴레옹의 대관식이 거행되었다. 빅토르 위고의 소설 〈노트르담의 곱추〉의 배경이기도 하다. 대성당이 있는 시테 섬은 파리의 발상지이기도 하다. 서쪽에 있는 생트 샤펠 성당(예전 왕실 예배당)은 압도적 스테인드글라스로 유명하다.

개선문&샹젤리제
Arc de Triomphe & Champs Élysées

개선문은 프랑스 혁명과 나폴레옹 전쟁 당시 전사자를 위해 1836년 완공되었다. 에펠탑과 함께 파리를 상징하는 건축물이다. 개선문에서 남동쪽으로 뻗은 거리가 바로 샹젤리제다. 루이비통, 디오르, 샤넬 등 세계적 명품 브랜드 매장이 빼곡하다. 파리에서 땅값이 가장 비싼 곳.

2

루브르 박물관
Le musée du Louvre

부르봉 왕가가 베르사유로 왕궁을 옮기면서 방치되다가 나폴레옹이 미술관으로 개조했다. 1989년 I.M.페이의 작품인 '루브르 피라미드'가 정문이고, 지하철역에서도 연결된다. 레오나르도 다빈치의 모나리자, 밀로의 비너스 등 세계 최고의 컬렉션을 자랑한다. 서쪽 콩코드 광장으로 연결된 튀르리 정원의 분수가 유명하고, 바로 옆에 클로드 마네의 역작 〈수련〉이 있는 오랑주리 미술관이 있다.

3

오르세 미술관
Musée d'Orsay

기차역에서 1986년 미술관으로 변신했다. 19세기 인상주의 양식의 역사적 명화들로 가득하다. 에두아르 마네, 클로드 모네, 에드가 드가, 오귀스트 르누아르, 귀스타브 쿠르베, 폴 세잔 등의 대표작이 전시된 곳이다. 센느강을 경계로 북쪽에 오랑주리, 남쪽에 오르세가 있다. 미술관 내 레스토랑도 럭셔리한 인테리어로 유명하다.

4

퐁피두 센터
Centre Pompidou

루브르, 오르세와 함께 파리의 3대 미술관이다. 현대미술의 팬이라면 퐁피두 센터를 방문해야 한다. 세계적 건축가 렌초 피아노(KT 광화문)와 리차드 로저스(더현대)가 창조한 외관이 너무나 유명하다. 미술관에서 동쪽으로 가면 파리에서 가장 '힙'한 패션 거리인 마레 지구가 있다.

8

몽마르트 언덕
La butte Montmartre

19세기 말 전 세계에서 예술가들이 몰려들었던 곳이다. 젊은 피카소도 몽마르트 멤버 중 한 명이었다. 태평성대였던 벨 에포크 시대에 이 지역에서 샹송, 캉캉 춤, 카바레 등 향락 문화가 출발했다. 가장 높은 곳에는 사크레 쾨르 성당이 있다. 잡상인과 소매치기가 많아 여행자들은 주의가 필요하다.

9

라파예트&봉마르셰
La Fayette & Bon Marché

파리의 대표적 쇼핑 명소. 갤러리 라파예트는 화려한 돔 천장과 시즌별 내부 장식으로 유명하다. 루프탑에서는 파리 시내를 조망할 수 있다. 봉마르셰는 세계 최초의 백화점으로 불린다. 19세기 기성복(프레타포르테) 개념을 최초로 도입한 곳으로 유명하다.

10

드 플로르&레 되 마고
Café de fleur & Les Deux Magots

19~20세기 철학, 문학, 예술 분야에서 선도적 역할을 했던 유명 인사들이 자주 찾았던 파리 카페의 양대 산맥이다. 자코메티 형제, 사르트르, 알베르 카뮈, 이브 몽탕 등이 이곳에 모여 열띤 토론을 벌였다. 뜨내기 관광객에 대한 불친절을 피하기 위해서는 한번 테이블에 앉으면 식사에 준하는 소비가 필요하다. 작은 명품 거리라고 할 수 있는 생제르맹 데 프레 두 곳이 나란히 붙어 있다.

1970-71시즌 PSG는 전신 스타드 생제르맹의 2부 출전 자격을 승계했다. 피에르 펠리폰 감독과 선수단은 그대로 유지되었다.
클럽 수뇌진은 힘찬 출발을 위해 마르세유의 수비수 장 조르카예프를 영입했다. 조르카예프는 당시 리그 정상급 중앙수비수이자
프랑스 국가대표팀 주장이었다. 당시 2부는 북부, 중부, 남부의 3개 지역으로 분산 운영되었다. 각 지역 1위 3개 팀이 1부로
승격하는 방식이었다. 중부에 속한 PSG는 30전 17승 11무 2패로 정규 시즌을 1위로 마무리해 창단 첫 해에 1부 승격에 성공했다.
1971-72시즌 데뷔한 1부 리그의 수준은 역시 높았다. 2부 챔피언이었던 PSG는 1부 데뷔전에서 앙제에 0-2로 패했다. 해를
넘겨 찾아온 봄까지도 PSG는 강등권 바로 위에서 간신히 버티는 시간이 길었다. 다행히 3월부터 4월까지 펠리폰 감독과
선수들은 8경기에서 3승 3무 2패로 선전하면서 1부 잔류의 발판을 만들었다. 시즌 막판 6경기의 무승 부진에도 PSG는 비축했던
승점 덕분에 최종 16위로 잔류에 성공했다. 하지만 아무도 웃지 못했다. PSG의 초기 자금이 실력파 선수들을 영입하는 과정에서
말라 버린 것이다. 1부에 데뷔했던 1970년 가을부터 클럽 재정은 이미 망가진 상태였다. 이 상태로는 PSG가 잔류 여부와
상관없이 부실 경영 책임으로 3부 강등이 불가피했다. 이때 파리 시의회가 나섰다. 시당국은 간신히 얻은 연고 클럽을 지키고
싶었다. 파리 시의회는 85만 프랑에 달했던 클럽의 부채를 탕감해 주겠다고 클럽에 제안했다. 조건이 있었다. 클럽명을 '파리 FC'로
바꾸는 것이었다. 출발점이 '파리 FC'였던 크레샹트 회장은 시의 요구를 두 팔 벌려 환영했지만, '스타드 생제르맹' 출신인 파트렐은
결사 반대였다. 의견 차이는 줄어들지 않았다. 결국 12월 크레샹트는 클럽 회장직을 사임했고, 그 뒤를 파트렐이 이었다. 시즌이
진행되면서 파트렐은 파리시와 간절한 재협상을 시도했다. 뜻밖에도 반대편에서는 크레샹트 전 회장이 다른 로비에 한창이었다.
본인이 설립했던 파리 FC로서 PSG의 1부 자격을 승계한다는 노림수였다. 시즌 종료 후, PSG는 결국 3부로 강등되고 말았다.
크레샹트는 곧바로 파리 FC를 재설립해 PSG가 떠난 1부 자리를 차지했다. 정치의 힘이었다.

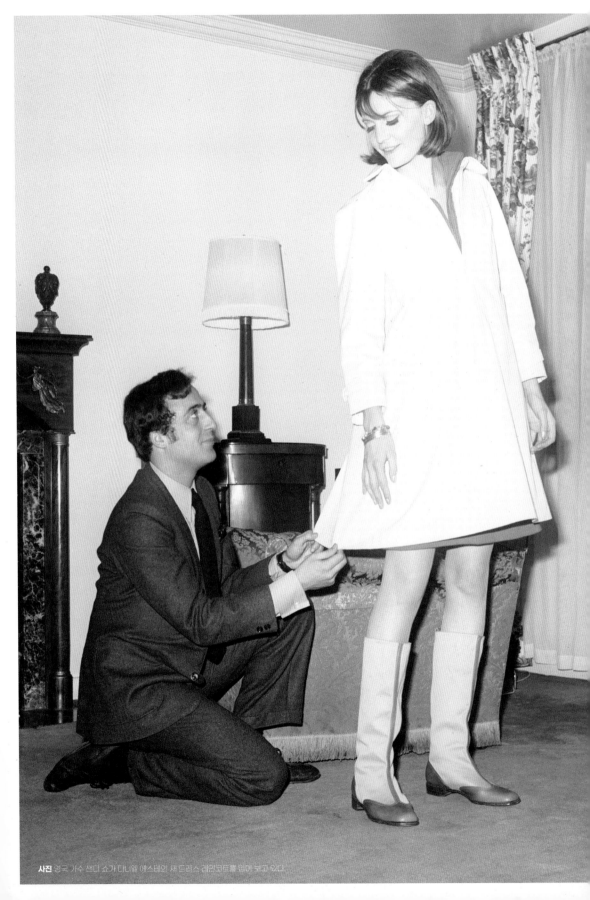

사진 영국 가수 샌디 쇼가 다니엘 에스테인 새 드레스 레인코트를 입어 보고 있다.

다니엘 에스테 시대

PSG는 밑바닥부터 재출발해야 했다. 펠리폰 감독을 비롯한 주전 선수들 대부분이 팀을 떠났다. 팀은 어린 리저브 선수를 중심으로 난국을 타개해야 했다. 수소문 끝에 파트렐 회장은 3부 시즌 개막 직전에 로버트 비콧 감독을 간신히 데려왔다. 다행히 PSG 선수단에는 1부에서 뛰어 본 경험이 남아 있었다. 강등 첫 시즌에 PSG는 3부 2위로 2부 승격에 성공했다.

2부 승격을 확정한 시점에서 클럽에 큰 변화가 생겼다. 패션 디자이너 다니엘 에스테가 클럽을 인수해 회장직에 오른 것이다. 에스테는 '프레타포르테' 개념을 도입해 패션업계에서 선풍을 일으킨 인물이었다. 이전까지 명품 패션 브랜드는 맞춤복(오트쿠튀르) 방식으로 이루어졌다. 지나치게 비싼 가격 탓에 디자이너 브랜드는 극소수 상위층만 누릴 수 있는 특권처럼 인식되었다. 이런 세태에서 에스테는 동일한 디자인을 표준화한 신체 사이즈로 제작해 파는 프레타포르테 (ready-to-wear) 방식을 시도했다. 공급을 늘리고 가격을 낮춘 덕분에 에스테는 명품 브랜드의 진입 장벽을 낮춘 인물로 평가받는다. 패션업계에서 큰 성공을 거둔 에스테가 눈길을 돌린 곳이 바로 축구, 그리고 파리의 클럽 PSG였다.

에스테 회장의 첫 손길은 역시 유니폼 디자인이었다. 그 전까지 PSG의 홈킷은 붉은색이었다. 에스테 회장은 클럽 로고에서 영감을 받아 짙은 청색 바탕에 가운데 부분을 세로 방향으로 붉게 채색했다. '에스테 저지'라는 애칭을 얻은 해당 디자인은 지금까지 클럽의 기본 유니폼 디자인으로 계승된다. 파리 연고 클럽, 유명한 패션 디자이너 회장, 그리고 세련된 유니폼 디자인은 PSG를 단순히 2부 클럽이 아닌 파리를 상징하는 클럽으로 인식되게 했다.

에스테 회장의 영향력은 전방위적이었다. 단일 월드컵 최다 득점 기록을 보유한 쥐스트 퐁텐이 스포팅 디렉터로 영입되었다. 패션계와 축구계의 거물 조합은 대중의 관심을 끌기에 충분했다. 에스테 회장의 재력은 리그 내 실력파 선수들도 어렵지 않게 끌어들였다. 전력 강화 효과는 즉시적으로 나타났다. 1973-74시즌 2부 B그룹에서 PSG는 레드스타에 이어 2위를 차지해 승격 플레이오프에 진출했다. 마지막 남은 승격 티켓 한 장을 두고 PSG는 A그룹 2위인 발랑시엔과 맞붙었다.

원정 1차전에서 PSG는 1-2로 패했다. 1974년 6월 4일, 최근 개장한 파르크 데 프랭스에서 운명의 승격 플레이오프 2차전이 열렸다. 발랑시엔은 후반 초반 스코어를 2-1로 만들어 합산 4-2로 앞서기 시작했다. 파리 하늘 위에 짙은 먹구름이 끼는 듯했다. 하지만 모나코에서 이적해 온 장-피에르 도글리아니가 후반전에만 두 골을 터트려 합산 스코어를 4-4 동점으로 만들었다.

원정득점우선 원칙에 따라 PSG는 한 골이 더 필요했다. 61분 중원에서 직접 날아든 전진 롱패스가 수비 뒷공간을 노린 미셸 마렐라의 앞에 떨어졌다. 골키퍼와 일대일로 맞선 상태에서 마렐라는 냉정하게 골문 오른쪽 구석으로 노려 골망을 흔들었다. 2차전 스코어 4-2, 합산 스코어 5-4가 되는 순간이었다. 파르크 데 프랭스를 가득 메운 1만 9천 관중은 일제히 '파리! 파리!' 를 연호했다. PSG는 한 골의 리드를 끝까지 지켜 내 1부 승격에 성공해 냈다. 공교롭게 같은 시즌에 파리 FC는 1부에서 2부로 강등되었다.

1999

2018

2007

2020

2012

2023

에스테 저지

푸른색 바탕의 가운데 붉은 세로무늬 BBRBB(청백적백청)는 PSG 홈킷의 전형이다. 강렬한 컬러 조합과 세련된 패턴은 PSG의 유니폼을 세계적 명품으로 만든 요소다. 이 패턴을 최초로 고안해 낸 인물이 바로 패션 디자이너 다니엘 에스테였다. 프랑스 패션계에서 가장 '핫'한 디자이너였던 에스테는 1970년대 클럽 오너로서 PSG를 진두지휘했다. 시대를 앞서가는 에스테의 심미안은 클럽 인수와 함께 로고와 유니폼을 직접 디자인하는 열정을 발휘했다. 푸른색 축구공 모양이었던 클럽 로고는 푸른색 바탕에 붉은색 에펠탑 문양이 세로로 자리를 잡았다. 아랫부분에는 부르봉 왕조의 최강자 루이 14세의 표시와 아기 침대가 삽입되었다. PSG의 전신인 '스타드 생제르맹'의 본거지가 바로 루이 14세가 태어난 '생제르맹앙레'였기 때문이다. 에스테가 직접 디자인한 홈킷은 1973-74시즌부터 착용되었다. 에스테 회장 체제에서 PSG는 리그앙으로 승격했고, 그가 떠난 뒤에도 '에스테 저지'의 전통은 그대로 유지되어 리그앙, 쿠프드프랑스, UEFA 컵위너스컵 등의 영광이 달성된 현장을 함께했다. 클럽 역사가 미셸 콜라는 "클럽의 첫 유니폼은 아니지만, 가장 상징적인 디자인이라고 할 수 있다. 서포터즈는 '에스테 저지'를 보면서 꿈을 꾸고, 역대 스타플레이어들도 이 유니폼을 입고 활약했다. 유니크한 디자인의 유니폼이야말로 PSG라는 클럽을 가장 잘 대표한다고 할 수 있다"라고 논평한다.

HECHTER
JERSEY

로셰토의 120분 동점골

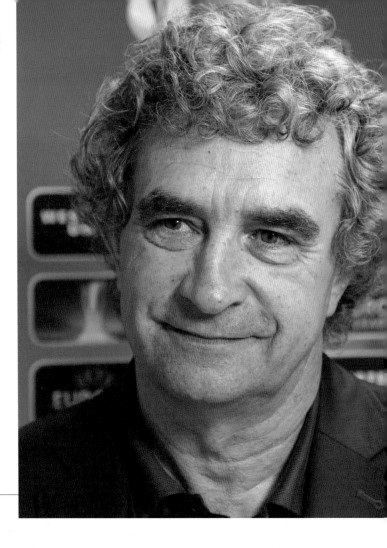

Dominique Claude Rocheteau

 1980-1987

1974-75시즌부터 PSG는 파리 FC가 떠난 파르크 데 프랭스에서 희망찬 1부 시즌을 출발했다. 에스테 회장의 자금 지원이 계속된 덕분에 리그 내 좋은 자원들이 파리로 몰렸다. 그런데 PSG는 리그에서 좀처럼 성적을 남기지 못했다. 쿠프드프랑스에서는 4위까지 오르며 선전했지만, 1부 리그에서 PSG는 10위권 진입도 힘겨워 보였다. 뛰어난 개인이 모인다는 것만으로 성적을 내기엔 1부의 벽이 높다는 뜻이었다. 긍정적 변화도 감지되었다. PSG를 지지하는 젊은 팬들이 홈 경기장의 관중석 K구역에 모이기 시작했다. 역사가 짧은 PSG로서는 이런 팬덤이 절대적으로 필요했다.

에스테 시대는 1977-78시즌 도중에 아무도 예상하지 못한 형태로 막을 내렸다. 1977년 12월 생테티엔을 상대한 홈 경기장은 만원 관중이 들어찼다. 70년대 경기장 관리를 생각하면 수용 인원보다 훨씬 많은 5만여 명의 인파가 몰렸다고 봐도 좋았다. 경기 도중 장내 아나운서가 발표한 공식 입장객 수는 고작 3만 8천 명이었다. 외국 출장에서 돌아와 경기장을 찾았던 에스테 회장은 내부적으로 조사를 지시했다. 티켓 담당 부서의 불법 판매가 원인이었다. 내부자가 같은 자리에 티켓을 2장 이상 인쇄해 이중으로 팔아 이윤을 챙기는 관행이 적발된 것이다. 프랑스축구협회 및 경찰 당국에서도 수사가 진행되었고, 결국 에스테

회장은 축구계 영구 제명 징계를 받고 말았다. 선수단은 물론 팬들 모두 2부 시절부터 1부로의 승격을 이끌었던 은인 에스테 회장의 사임을 슬퍼했다. 1978년 1월 8일 홈에서 PSG는 라이벌 마르세유를 5-1로 대파했고, 경기 후 주장 무스타파 다흘렙이 선수단 대표로서 경기에서 사용했던 볼을 에스테 회장에게 직접 전달하며 아쉬운 작별을 고했다.

후임 회장직에 오른 주인공은 프란시스 보렐리 부회장이었다. 클럽을 만들고, 1부에 올려놓으며 파리지앵의 클럽으로 발전시킨 선임 회장들에 비해 보렐리 회장은 카리스마가 없어 보였다. 키는 작았고, 축구를 좋아하는 열정이 넘쳐 말이 너무 많은 사람이었다. 그러나 결과적으로 PSG는 보렐리 회장 아래서 1부 강호로 발돋움했다. 1979-80시즌 카미유 쇼키에르 감독이 3경기 만에 사퇴하자 보렐리 회장은 모로코 무대에서 지도자 생활을 했던 조르주 페이로세를 감독으로 영입했다. 이렇다 할 경력이 없었던 인물이지만, 페이로세 감독은 지휘봉을 잡자마자 연전연승을 달렸다. PSG는 시즌 초반 위기에서 탈출해 최종 7위로 시즌을 마감했다. PSG가 프랑스 1부 리그에서 기록한 최고 순위였다.

다음 시즌에도 5위를 기록한 PSG는 1981-82시즌 쿠프드프랑스에서 마르세유, 보르도를 꺾고 준결승에 진출했다. 준결승전에서 PSG는 투르스와 승부차기 격전 끝에 2-1로 승리해 대망의 결승 진출에 성공했다. 결승전 무대는 바로 PSG의 홈 경기장인 파르크 데 프랭스였다. 하지만 상대가 70년대 프랑스 최강이었던 생테티엔이었다. 미셸 플라티니를 앞세운 생테티엔은 프랑스 1부 3연패, 유러피언컵(현 챔피언스리그) 결승 진출 등 막강한 화력을 뽐내는 정상급 클럽이었다. PSG도 자신감은 부족하지 않았다. 홈 경기장에서 벌어지는 경기인 데다 도미니크 로셰토, 루이스 페르난데스, 도미니크 바테나이, 도미니크 바라텔리(골키퍼) 등 프랑스 현역 국가대표 선수들을 다수 보유했기 때문이었다. 실제로 PSG는 리그에서 생테티엔과 두 번 모두 득점 없이 비기며 객관적 전력을 뛰어넘는 선전을 펼쳤다.

4만 6천여 명이 운집한 결승전에서 PSG는 생테티엔에 맞서 정규 시간을 1-1로 마쳤다. 하지만 연장전이 시작된 지 9분 만에 플라티니에게 역전골을 허용하고 말았다. 프랑스 최고 스타의 개인 능력이 PSG의 기세를 눌러 버린 꼴이었다. 보렐리 회장을 비롯한 PSG 관계자들은 죄다 관중석에서 피치 사이드로 내려가 마지막 희망을 불태웠다. 야속한 시간이 흐르면서 드디어 연장전도 30분이 다 되어 갔다. 바로 그때 오른쪽 측면에서 크로스가 올라왔다. 체력이 바닥난 생테티엔 선수들이 순간적으로 집중력을 잃었다. 문전에 있던 로셰토가 본인 앞으로 굴러오는 볼을 오른발로 정확히 연결해 극적인 2-2 동점골을 터뜨렸다. 파르크 데 프랭스에 있던 PSG 팬들의 열정이 한꺼번에 분출되었다. 경기가 아직 끝나지도 않은 상태에서 흥분한 파리 팬들이 그라운드로 난입해 광란의 질주를 펼쳤다. 현장 분위기가 너무나 뜨거웠던 탓에 보안 요원과 경찰들도 팬들을 말릴 생각조차 하지 못했다. 피치 사이드에 있던 보렐리 회장은 펜스를 넘어 그라운드로 들어간 뒤에 무릎을 꿇고 잔디에 입을 맞추는 퍼포먼스를 선보였다. 주심은 그대로 경기 종료를 선언할 수밖에 없었다. 장내에서 벌어진 대혼돈이 정리되어 승부차기가 시작될 때까지는 꽤 긴 시간이 소요되었다. 승부차기에서 PSG의 수문장 바라텔리가 생테티엔의 여섯 번째 키커이자 주장인 크리스티안 로페스의 슛을 막았고, PSG의 장-마르크 필로게트가 여섯 번째 페널티킥을 성공시켰다. PSG의 창단 첫 메이저 트로피는 쿠프드프랑스였다.

FIVE

LEGENDS

5

1 DOMINIQUE ROCHETEAU

도미니크 로셰토
1980~1987 / 288경기 112골 / FW / 프랑스

생테티엔의 70년대 최전성기 멤버. 1974년부터
리그앙 3연패 및 유러피언컵 결승 진출에 공헌했다.
1980년 PSG로 이적한 첫 시즌부터 19골을 터트려
팀 내 최다 득점자가 되었다. 하이라이트는 1982년
쿠프드프랑스 결승전이다. 미셸 플라티니가 버틴 친정
생테티엔을 맞이해 PSG는 1-1로 정규 시간을 마쳤다.
99분 플라티니에게 득점을 허용했지만, 연장 종료
직전 로셰토가 천금 같은 2-2 동점골을 터트렸다.
PSG는 승부차기에서 6-5로 승리해 창단 첫 메이저
트로피를 차지했다. 파리에서 뛰었던 7시즌 중
4시즌에서 로셰토는 팀 내 최다 득점자로 활약했다.

2 SAFET SUSIC

사페트 수시치
1982~1991 / 344경기 85골 / MF / 보스니아 헤르체고비나
*당시 유고슬라비아

창단 첫 메이저 타이틀을 만든 유려한 플레이메이커.
사라예보에서 이적해 온 첫 시즌부터 창의적 연결로
팀 공격을 설계하는 역할을 수행했다. 데뷔 시즌에
나섰던 쿠프드프랑스 준결승전 두 경기에서 3골을
터트렸고, 결승전에서도 한 골을 보태 낭트를 꺾고
컵대회 2연패의 일등 공신이 되었다. 네 번째 해였던
1985-86시즌 수시치는 리그 37경기에서 10골을
터트리는 활약으로 PSG에 창단 첫 리그앙 우승
트로피를 안겼다. 1984년 9월, 바스티아전(7-1승)
에서 나왔던 5도움은 지금까지 클럽 역대 단일 경기
최다 도움 기록으로 남는다. 2014년 브라질
월드컵에서는 조국 보스니아 헤르체고비나
감독으로서 팀을 이끌었다.

3 RAI

라이
1993~1998 / 217경기 74골 / MF / 브라질

방송국 〈카날+〉의 자금 지원을 등에 업은 PSG는 1993년 여름 '남미 올해의 선수'에
빛나는 라이를 영입했다. 브라질 축구 스타 소크라테스의 친동생이기도 한 라이는
유럽 시즌이 개막한 후에 팀에 합류하고도 첫해부터 리그앙 우승에 기여했다.
두 번째 시즌에는 쿠프드프랑스와 쿠프드라리그 우승, 세 번째 시즌에는 창단 첫 유럽
타이틀인 UEFA컵위너스컵 우승이 뒤따랐다. 라이는 브라질 출신이면서도 유럽
선수처럼 당당한 체구와 파이팅 넘치는 플레이 스타일로 파리 팬들을 사로잡았다.
PSG에서 뛰었던 다섯 시즌 중 네 시즌에서 두 자릿수 득점을 기록했고, 팬들의
타이틀 갈증도 풀어 준 귀인으로서 기억된다. 2020년 일간지 〈르파리지앵〉은
'PSG 역대 최고 레전드'를 묻는 설문조사를 진행했다. 카타르 시대에서
슈퍼스타들이 파리로 모였지만, 현지 팬들의 '원픽'은 라이였다.

4 PAULETA

파울레타
2003~2008 / 212경기 109골 / FW / 포르투갈

1990년대와 2000년대에 걸쳐 포르투갈 A매치 88경기를 기록하면서도 파울레타는
자국 1부 리그에서 한 번도 뛴 적이 없는 특이한 경력을 지녔다. 2003년 여름
보르도에서 PSG로 이적해 뛰었던 다섯 시즌 동안 파울레타는 전부 팀 내 최다
득점자로 활약했다. 2004년과 2006년 쿠프드프랑스 우승의 결정적 공헌을 남겨
어수선한 팀 분위기에 실망감에 빠졌던 파리 팬들에겐 더할 나위 없이 고마운
살림꾼으로 기억된다. 당대 최강이었던 올랭피크 리옹의 제안을 고사한 끝에
2007-08시즌 기어이 PSG에서 현역 은퇴를 선언했다. 통산 109골 기록은 QSI
시대의 초능력자들이 몰려오기 전까지 구단 역대 최다 득점 기록이었다.

5 EDINSON CAVANI

에딘손 카바니
2013~2020 / 301경기 200골 / FW / 우루과이

2013년 여름 PSG는 세리에A 득점왕(29골) 에딘손 카바니를 6,400만 유로에
영입했다. 현실적으로 즐라탄 이브라히모비치의 거대한 그림자에 가린 신세였지만,
투철한 프로 의식과 헌신적 수비 가담으로 파리 팬들의 절대적 지지를 받았다.
2016-17, 2017-18시즌 연속으로 40골 고지를 밟았고, 파리에서 보낸 마지막 시즌에
7골을 보태 구단 역대 최다 득점자(200골)로서 팬들에게 아름다운 작별을 고했다.
즐라탄과 네이마르, 킬리안 음바페 등 에고가 강한 동료들의 뒤에서 묵묵히 자기
역할을 해냈다는 점만으로도 카바니는 PSG 레전드로 불리기 충분하다.

1982년 쿠프드프랑스 우승은 창단 첫 타이틀인 동시에 첫 유럽 대회 출전을 의미했다. 1982-83시즌 PSG는 컵대회 챔피언 자격으로 UEFA컵위너스컵에 출전했다. 유럽 대륙의 쟁쟁한 강호들과 경쟁하려면 전력 강화가 필수적이었다. 보렐리 회장은 유러피언 골든부트 수상자인 케스 키스트를 비롯해 유고슬라비아의 공격형 미드필더 사페트 수시치를 영입했고, 시즌 도중에는 토트넘 훗스퍼의 오스발도 아르디예스까지 확보했다.

첫 유럽 여정에서 PSG는 8강 진출에 성공했다. 벨기에의 바터슈차이토르를 상대했던 8강 1차전에서는 총 48,575명의 관중이 몰렸다. 이 기록은 지금까지 클럽 역대 최다 관중 기록으로 남아 있다. 1차전에서 2-0으로 승리한 PSG는 준결승 진출이 눈앞에 다가온 듯이 보였지만, 벨기에 원정 2차전은 파리 팬들에게 악몽을 선사했다. 두 골을 내준 PSG는 결국 연장전을 치러야 했고, 두 명이나 퇴장당하는 고전 끝에 통한의 결승 실점을 허용하고 말았다. PSG의 첫 유럽 여정은 8강전 합산 2-3 패배로 마감되고 말았다. 그럼에도 시즌은 성공적이었다. 페이로세 감독 아래서 PSG는 쿠프드프랑스 2연패를 달성했다. 준결승전 두 경기부터 결승전까지 3경기 연속 골을 터뜨린 수시치의 맹활약이 돋보였다. 리그에서도 PSG는 3위를 달성해 창단 최고 순위 기록을 갈아치웠다.

1985-86시즌은 클럽 역사에 길이 남을 만한 성취가 이루어졌다. 페이로세 감독이 떠난 감독직에 앉은 주인공은 바로 제라르 울리에였다. 컵대회 우승과 유럽 무대에서 쌓은 선수단의 경기력은 안정기에 접어들었다. PSG는 개막 3연승으로 창단 첫 리그 1위로 올라섰다. 해를 넘긴 리그 27라운드까지 PSG는 26경기 연속 무패 행진을 벌여 단독 선두 체제를 굳혔다. 루이스 페르난데스, 도미니크 로셰토, 사페트 수시치 등이 중심이 된 울리에 감독의 PSG는 리그 38경기에서 5패만 기록하며 대망의 프랑스 챔피언에 올랐다. 1970년 창단 이래 16년 만에 맛본 최정상의 자리는 파리 축구 팬들에게 거대한 기쁨인 동시에 '꿈의 무대' UEFA유러피언컵 출전을 선물했다. 비록 다음 시즌 유러피언컵에서 1라운드 탈락이란 쓴맛을 보긴 했지만, 보렐리 회장 체제에서 습득한 유럽 경험은 90년대 〈카날+〉 시대에 찾아오는 본격적 유럽 성공기를 만드는 디딤돌이 되었다고 할 수 있다.

1982년 시작된 파리 축구의 첫 번째 전성기는 80년대 후반에 이르러 막을 내렸다. 울리에 감독은 1987년 성적 부진으로 지휘봉을 내려놓은 채 스포팅 디렉터로 보직을 변경했다. 후임자인 에릭 몸바르트 감독은 사령탑 교체 효과를 내지도 못한 채 해를 넘겨 쫓겨났고, 울리에가 긴급 소방수로 재투입되는 혼란도 발생했다. 전성기를 구가했던 주축들이 떠나자 PSG의 성적은 시즌마다 출렁였다. 리그 우승 이후 PSG는 동기부여를 잃은 탓에 5시즌 연속 무관을 맛보았고, 결국 클럽 오너십은 보렐리 회장의 손을 떠나고 말았다.

프랑스 최고 부자 클럽과
유럽의 영광

1990-91시즌 종료 후, 보렐리 회장은 클럽의 지분을 유료 방송
사업자인 〈카날+〉로 양도하는 결정을 내렸다. 성적은 나오지
않고 부채는 늘어나는 상황이 더는 유지될 수 없었다. 하지만
파리 팬들은 〈카날+〉의 클럽 인수를 반겼다. 인수 시점부터
거대 미디어 회사가 화끈한 투자를 약속한 덕분이었다.
〈카날+〉는 당장 클럽의 부채 5천만 프랑을 일괄 상환했고,
선수단 운영에도 1억 프랑이 넘는 예산을 책정했다. 위기를
맞이하는 듯이 보였던 PSG가 하루아침에 프랑스 리그에서 가장
부유한 클럽으로 거듭난 셈이다.

미셸 데니소트 신임 회장은 시즌 개막을 앞두고 '빅네임'들을
데려왔다. 80년대 포르투에서 유러피언컵을 제패했던 포르투갈
출신 지도자 아르투르 호르헤 감독이 첫 번째 전력 강화책이었다.
폴 르구엔, 로랑 포르니에, 베르나르 파르도, 다비드 지놀라 등
새롭게 구성된 PSG 선수단은 당장 리그에서 강세를 보였다.
〈카날+〉는 홈 관중 하락세의 원인으로 지목된 극우파 홈
서포터즈의 폭력 문제에도 적극적으로 나섰다. 미디어에서 어떻게
보이느냐는 프로 구단의 가치 평가에 매우 중요한 요소일 수밖에
없었다. 미디어 제국인 〈카날+〉가 그 사실을 모를 리가 없었다.
데니소트 회장은 과격한 홈 서포터즈의 반대편에 위치한 '비라주
오퇴유' 관중석에 새로운 팬 그룹이 모일 수 있도록 유도했다.
이렇게 탄생한 게 좌파 서포터즈 '비라지오퇴유'이다. 〈카날+〉는
데뷔 시즌에 리그 3위 성적으로 다음 시즌 UEFA컵 출전권을
확보해 유럽 복귀에 성공했다.

1992-93시즌부터는 PSG의 두 번째 전성기가 시작되었다.
쿠프드프랑스 결승전에 PSG는 낭트를 3-0으로 제압하고
10년 만에 컵대회 챔피언을 탈환했다. 리그에서는 베르나르
타피 회장의 공격적 지원으로 리그 5연패에 도전하는 마르세유와

치열하게 경쟁했다. 특히 PSG와 마르세유의 맞대결 두 경기는 양측의 거친 플레이가 난무하는 바람에 뜨거운
열기를 뿜었다. 두 경기 모두 마르세유가 승리하긴 했지만, PSG도 물러설 줄 모르고 온몸을 던져 마르세유와
맞붙었다. 해당 시즌의 거칠었던 맞대결이 계기가 되어 프랑스 축구는 최고 흥행 카드인 '르 클라시크'를 얻을 수
있었다.

겉으로는 마르세유의 승리였다. 시즌 막판 PSG를 상대로 3-1 역전승을 거둔 마르세유는 리그 5연패에
성공했을 뿐 아니라 UEFA챔피언스리그 원년 대회에서도 우승을 차지하는 쾌거를 이룩했다. 그러나 마르세유가
자국 리그에서 승부 조작을 시도했다는 폭로가 나오면서 상황이 급변했다. 프랑스축구협회는 진상 조사를 통해
마르세유의 우승을 박탈했다. 유럽축구연맹(UEFA)은 마르세유의 챔피언스리그 우승 기록을 유지하되 다음 시즌
대회 출전권을 박탈하도록 조치했다. 프랑스 리그 우승과 내년 시즌 챔피언스리그 출전 자격은 당연히 PSG가
승계해야 했지만, 〈카날+〉는 남부 민심의 눈치를 보느라 둘 다 고사하기로 했다. 방송 가입자 감소를 우려한

판단 덕분에 리그 우승팀은 공란으로 남았고, 챔피언스리그 출전권은 리그 3위 모나코(아르센 벵거 감독)에 돌아갔다.
PSG가 아쉬워할 필요는 없었다. UEFA컵에서도 돋보이는 실적을 남긴 덕분이다. 8강에서 PSG는 스페인 거함 레알 마드리드를
합산 스코어 5-4로 제쳐 세상을 놀라게 했다. 원정 1차전에서 1-3으로 패했지만, 홈 2차전에서 PSG는 앙투안 콤브아르의 후반
추가 4분 헤더골로 4-1 승리를 장식했다. 콤브아르의 극적인 득점은 지금도 PSG 역사에 남는 명장면으로 손꼽힌다. 이후
PSG는 〈카날+〉의 파격적 지원을 그라운드 위에서 실적으로 보답했다.
1993-94시즌 리그앙 우승을 시작으로 PSG는 1999년까지 자국 컵대회 우승 7회로 질주했다. 1993년 여름에 영입된 브라질
출신 미드필더 라이를 비롯해 조지 웨아, 브루노 은고티, 베르나르 라마, 알랭 로셰, 유리 조르카예프 등 화려한 이름들이 PSG
전성기를 구가했다. 무엇보다 눈에 띄었던 실적은 유럽 대회에서 만들어졌다. 1992년부터 1997년까지 다섯 시즌 동안 PSG는
컵위너스컵 우승과 준우승, 4강을 1회씩 기록했고, 챔피언스리그에서도 4강 돌풍을 일으켰다. 90년대 유럽 활약은 유럽의 축구
지도 위에 파리 생제르맹의 존재감을 확실히 각인한 결정적 계기가 되었다.

LIONEL
MESSI

리오넬 메시

기록	75경기 32골
국적	아르헨티나
포지션	FW
영입 당시 나이	34세
이적료	-
전 소속팀	바르셀로나

2021년 여름 PSG가 리오넬 메시를 영입했다.
바르셀로나의 재정 위기가 선물한 행운이었다.
메시, 네이마르, 음바페가 같은 유니폼을 입고
동시에 뛰는 광경은 전 세계 팬들을 흥분시켰다.
메시는 2년 동안 파리에서 결코 나쁘지 않은
기록을 남겼다. PSG 소속으로서 일곱 번째
발롱도르를 받았고, 챔피언스리그에서 40개
팀을 상대로 득점을 기록한 최초의 선수가
되기도 했다. 하지만 파리 팬심은 메시에게
챔피언스리그 우승을 기대했다. 2년 연속
16강 탈락이 확정되면서 PSG 팬들은 메시와
네이마르를 야유했다. 메시는 2년 계약 만료와
동시에 파리 생활을 마감했다.

NEYMAR JUNIOR
네이마르 주니오르

기록	173경기 118골
국적	브라질
포지션	FW
영입 당시 나이	25세
이적료	2억 2,200만 유로
전 소속팀	바르셀로나

네이마르 영입은 축구 시장에 많은 변화를
일으켰다. PSG가 지급한 이적료는 지금까지
역대 최고 이적료 기록이다. 2억 유로의 벽이
깨지자 이적 시장 시세도 연동해서 폭등했다.
파리에서 네이마르의 행보는 부상으로
얼룩졌다. 리그앙 수비수들은 차원이 다른
네이마르를 거친 태클로 막았다. 6시즌 동안
네이마르의 부상 횟수는 무려 26차례에
달한다. 첫 2시즌 연속 중족골이 부러졌다.
6년간 출전 수가 173경기에 그친 것도 잦은
부상 탓이었다. 성한 몸 상태에선 네이마르는
독보적 존재였다. 데뷔 시즌 디종전에서는
4골 2도움을 기록하기도 했다.

PSG GALÁCTICO 6
PSG 갈락티코 6인

KYLIAN
MBAPPE

킬리안 음바페

기록	260경기 212골 (2022-23시즌 기준)
국적	프랑스
포지션	FW
영입 당시 나이	19세
이적료	1억 8,000만 유로
전 소속팀	AS모나코

2017년 네이마르와 함께 파리에 합류했다.
1년 임대 후 완전 이적 조건이었고, 최종
이적료는 역대 2위에 해당하는 1억 8천만
유로였다. PSG 데뷔 시즌에 음바페는 21골을
기록했고, 러시아 월드컵 결승전에서 골을
터트리며 세계 챔피언이 되었다. 두 번째 시즌
리옹전에서 4골 1도움을 기록했고, 카타르
월드컵이 끝난 직후 쿠프드프랑스 페이 드
카셀전에서는 5골 1도움으로 대폭발했다.
리그앙 5시즌 연속 득점왕을 차지하면서
음바페는 2022-23시즌 212골로
클럽 역대 최다 득점자에
등극했다. 2022년 여름
극적으로 재계약에
합의했지만, 1년 뒤
연장 옵션을 행사하지
않겠다고 선언해 클럽과
결별을 공식화했다.
PSG의 간판은 하루아침에
배신자로 전락했다.

ZLATAN
IBRAHIMOVIC
즐라탄 이브라히모비치

기록	180경기 156골
국적	스웨덴
포지션	FW
영입 당시 나이	31세
이적료	2,000만 유로
전 소속팀	밀란

2012년 여름 즐라탄은 밀란에서 PSG로
이적했다. 개인 통산 8시즌 연속 빅5 리그
우승이란 금자탑처럼 즐라탄은 파리 이적
첫 시즌부터 리그앙 트로피를 들어 올렸다.
환상적인 테크닉과 넘치는 파워를 앞세운
즐라탄에게 리그앙 수비수들은 추풍낙엽
이었다. 파리에서 네 시즌을 뛰면서 즐라탄은
35골, 41골, 30골, 50골로 기록적 득점
행진을 펼쳤다. 4년간 수집된 트로피가 무려
12개에 달했다. 마지막 시즌이었던 2015-16
시즌에 즐라탄이 작성한 리그 38골,
시즌 50골은 모두 커리어 하이에 해당한다.
2016년 PSG는 즐라탄의 맨유행을
발표하면서 "왕처럼 왔다가 전설처럼 떠났다"
라며 눈부셨던 4년의 활약상을 찬미했다.

PSG GALÁCTICO 6
PSG 갈락티코 6인

5

EDINSON CAVANI
에딘손 카바니

기록	301경기 200골
국적	우루과이
포지션	FW
영입 당시 나이	26세
이적료	6,400만 유로
전 소속팀	나폴리

비운의 레전드. 세리에A 득점왕 타이틀을
갖고도 이적 초반에 즐라탄에 밀려 측면에서
뛰어야 했다. 자신을 노골적으로 싫어하는
즐라탄과 3년간 함께 뛰면서도 총 81골을
기록했다. 즐라탄이 떠난 첫해, 카바니는
50경기 49골로 대폭발하며 리그앙 득점왕
(35골)에 올랐지만, 정작 리그 우승에 실패해
빛이 바랬다. 다음 시즌이 되어 리그 득점왕
(28골)과 우승을 거머쥐었는데, 새롭게 영입된
네이마르와 어색한 관계가 만들어졌다.
경기 중 네이마르에게 페널티킥을 빼앗기는 등,
수모를 겪었다. 하지만 카바니는 301경기
200골로 클럽 역대 최다 득점자(이후 음바페가
경신했다)가 되어 떠났고, 파리 팬들은 그의
헌신적 플레이와 겸손한 자세를 추앙했다.

6

ANGEL
DI MARIA

앙헬 디마리아

기록	295경기 92골
국적	아르헨티나
포지션	MF
영입 당시 나이	27세
이적료	4,400만 유로
전 소속팀	맨체스터 유나이티드

맨체스터 유나이티드에서 루이스 판할 감독과
전술 의견 충돌로 피난민처럼 파리에 왔다.
데뷔 시즌부터 디마리아는 15골 25도움으로
본인의 가치를 입증했다. PSG에서 디마리아가
만든 인상적 장면은 모두 챔피언스리그에서
나왔다. 2016-17시즌 챔피언스리그
16강 1차전에서 디마리아는 전방위적
활약으로 바르셀로나를 4-0으로 대파하는
데에 앞장섰고, 2018-19시즌 동일
단계에서는 맨유 선수들의 거친 태클에도
2도움으로 2-0 승리를 지원했다.
공교롭게 두 차례 모두 PSG는
2차전에서 드라마틱한 역전패를
당했다는 게 흠이다. 리오넬 메시의
합류로 디마리아는 출전 시간이 줄었고,
2022년 5월 고별전에서 도움을
기록해 유종의 미를 장식했다.
파리 팬들도 7년간 측면을
담당해 줬던 디마리아에게
감사의 뜻을 전했다.

HISTORY 2

세상에서 가장 패셔너블한 클럽

2011년 파리 생제르맹(PSG)은 운명적 전환점을 맞이한다.

새로운 오너 카타르는 막대한 자금력뿐 아니라 치밀한 마케팅 전략으로 PSG를 단숨에 세계적 브랜드로 성장시켰다.

그렇다. PSG는 스포츠 조직이란 개념을 넘어 세련된 문화를 선도하는 대표적 브랜드로 발전 중이다.

화려했던 90년대 〈카날+〉 시대는 오래가지 못했다. 1998년 클럽 역대 최고 레전드로 숭앙받던 라이가 떠나자 PSG의 성적은 롤러코스터에 올라탔다. 1998년 리그컵, 쿠프드프랑스 그리고 트로페데샹피옹까지 3연속 컵대회 우승이 이어질 때만 해도 걱정은 없었다. 하지만 1998~99시즌 PSG는 UEFA컵위너스컵의 첫 단계에서 탈락했고, 쿠프에서도 32강전에서 무릎을 꿇었다. 리그앙 순위도 전 시즌보다 낮은 9위로 마무리되었다. 이때부터 PSG의 성적은 시즌마다 등락을 반복했다. 2003년 감독으로 부임한 바히드 할릴호지치 감독은 리그앙 2위와 쿠프드프랑스 우승이란 '깜짝' 실적을 남겼지만, 다음 시즌 중반에 성적 부진으로 사임해야 했다. 제이제이 오코차, 호나우지뉴, 가브리엘 에인세 등의 스타플레이어가 세간의 이목을 끌어당기는 한편, 팀 전력은 90년대 중반의 화양연화를 재현하지 못했다. 클럽 고위층의 연이은 악수로 재정 상태도 악화되었다.

더 큰 문제의 원인은 경기장 밖에 있었다. 홈 서포터즈의 폭력으로 경기장을 찾는 팬들의 발길이 끊기기 시작한 것이다.
PSG의 전통적 서포터즈는 '볼로뉴보이즈'였다. 1970년대 클럽이 1부로 올라서면서 볼로뉴 스탠드에 모인 젊은 팬들이 만든
'볼로뉴보이즈'는 시간이 흐르면서 극우적 색채를 입었다. 파르크 데 프랭스에서는 인종차별과 성차별 구호가 일상적이었다.
자기 팀 선수인 조지 웨아조차 '볼로뉴보이즈'의 인종차별 야유에서 자유롭지 못했을 정도다.
1991년 클럽을 인수한 〈카날+〉는 경기장의 빈자리를 메울 심산으로 '착한 서포터즈'를 양성하기로 했다. PSG는 볼로뉴
스탠드의 반대편에 있는 오퇴유 스탠드에 젊은이와 가족 팬들을 집중적으로 배치하며 암암리에 새로운 서포터즈를 지원했다.
'비라지오퇴유'는 좌파적 성향을 보였고, 덩치가 커지자 볼로뉴보이즈와 직간접적으로 부딪히기 시작했다. 90년대 말부터
양측의 대립은 결국 폭력으로 발전했다. 홈경기가 있을 때마다 볼로뉴보이즈와 비라지오퇴유는 파르크 데 프랭스 밖에서
패싸움을 벌였다. 점점 격화되는 폭력 현장은 많은 PSG의 일반 팬들을 경기장에서 쫓아내는 결과를 초래했다.
인기 클럽으로 더 많은 시청자에게 어필하려던 〈카날+〉로서는 부정적 메시지만 발산하는 PSG는 필요가 없었다. 2006년
〈카날+〉는 클럽 지분을 콜로니 캐피털 컨소시엄에 양도했다. 새롭게 부임한 세바스티엔 바진 회장의 주도하에 콜로니 캐피털은
인수 파트너였던 모건 스탠리의 지분까지 확보하면서 지분율 95%에 도달해 PSG의 경영권을 사실상 손에 넣었다. 어수선한
분위기 속에서 PSG는 2007-08시즌 강등을 걱정할 정도로 부진을 이어 갔다. 2008년 5월 17일 열린 소쇼와의 리그 최종전에서
아마라 디아네의 2골 맹활약에 힘입어 2-1로 승리해 간신히 리그앙 입지를 지킬 수 있었다.
콜로니 캐피털 체제에서도 팬 폭력 문제는 달라지지 않았다. 결국 로빈 르프루 회장이 칼을 빼 들었다. 2010년 PSG는
볼로뉴보이즈와 비라지오퇴유의 경기장 출입을 금지시키는 극약 처방을 내렸다. 티켓 판매 수익이 중요한 매출원 중 하나인
축구 클럽이 매 홈경기에서 1만 3천 석을 포기한다는 뜻이었다. 폭력 행각과 무관한 서포터즈는 억울함을 호소했지만,
르프루 회장의 마음은 움직이지 않았다. 갈 곳을 잃은 서포터즈는 PSG 여자 팀 경기장에서 응원을 이어 갔지만, 주요 운영진이
이탈하면서 조직은 사실상 와해되고 말았다. 우렁찬 구호와 응원가가 사라진 파르크 데 프랭스에서는 기묘한 분위기가 연출되었다.
경기장에서 쫓겨났던 서포터즈는 클럽 측과 다년간에 걸친 협상과 양보 끝에 2016년 보르도전에서 경기장으로 돌아올 수 있었다.

카타르 시대 개막

폭력 사태의 진정은 공교롭게 카타르의 국가 브랜드 프로젝트 본격화와 맞닿았다. 프랑스의 사르코지 정부는 카타르와 경제, 국방, 교육, 문화 등 다방면에서 국가 차원의 협력을 공고히 했다. 2022년 FIFA월드컵 유치전에서 카타르가 막판 역전승을 거둘 수 있었던 배경에는 프랑스 출신 유럽축구연맹 (UEFA) 회장이었던 미셸 플라티니의 막판 지원이 있었다. 2010년 카타르 재단은 FC 바르셀로나의 역사상 첫 셔츠 스폰서십 계약을 끌어냈고, 1년 뒤인 2011년 PSG를 전격 인수해 유럽 클럽 축구계에 발을 들였다. 90년대 〈카날+〉 의 PSG가 프랑스 최고 부자 클럽이었다면, 카타르 스포츠 투자청(QSI; Qatar Sports Investment)의 PSG는 이제 세계 최고 부자 클럽에 등극한 셈이었다.

카·타·르·의
스포츠 투자

카타르는 작다. 경기도 정도의 면적에 인구는 253만 명
이다. 그마저 대부분 외국인 노동자들이고 카타르 국적
자(카타리 Qatari)는 30% 정도밖에 되지 않는다. 카타
르를 둘러싼 사우디아라비아, 이집트, 이란 등 아랍 대국
들과 비교하면 그야말로 풍전등화 신세다. 카타르가 이런
지정학적 약점을 없애려고 정성을 쏟는 분야가 바로 마케
팅이다. 2008년 1월 카타르는 '카타르 국가 비전 2030'
을 론칭했다. 경제, 사회, 인력, 환경의 4개 분야에서 현대
국가로의 발전과 국가 브랜드 제고를 동시에 이루겠다는
청사진이다. 초대형 프로젝트에서 홍보를 담당하는 메인
툴이 바로 스포츠다.

1

유럽 클럽축구 시장 진입

2011년 파리 생제르맹을 인수해 카타르 홍보의 쇼케이
스로서 활용한다. 클럽뿐 아니라 스폰서십 브랜드(beIN
Sports, 아스파이어, 아스페타르, 우레두, 카타라, 카타
르 은행 등)까지 동시에 홍보한다. FC 바르셀로나 역사
상 첫 셔츠 스폰서십 계약도 '카타르 재단'이었다.

2

스포츠 미디어 설립

<beIN Sports>를 통해 MENA 지역(중동과 북아프리
카의 아랍 문화권)의 각종 스포츠 이벤트를 생중계한다.

3

훈련 시설 확충

2005년 <아스파이어 센터> 개관. 축구를 비롯해 모든
운동 종목의 엘리트 훈련 기관으로 기능한다. 선수뿐 아
니라 스포츠 의학, 스포츠 과학 등 세계 최고 인력과 시설
을 완비했다.

4

스포츠 이벤트 유치

2006	아시안게임
2011	AFC아시안컵
2015	세계핸드볼선수권대회
2016	세계쇼트코스수영선수권대회
2018	세계기계체조선수권대회
2022	FIFA월드컵
2023	AFC아시안컵(*2024년 1월 12일 개막)

클럽 인수와 함께 QSI는 주저 없이 지갑을 열었다. 2011-12시즌에만 PSG는 하비에르 파스토레, 티아고 모타, 케빈 가메이로, 블라이시 마튀디, 알렉스, 살바토레 시리구 등 빅클럽행이 유력했던 선수들을 쇼핑했다. 지난 시즌 리그앙 4위로 선전했던 앙투안 콤브아레 감독은 결국 12월 사임해야 했다. 별다른 문제는 없었다. 단지 후임자가 UEFA챔피언스리그 우승 3회의 역사적 명장 카를로 안첼로티였을 뿐이다. 1년 뒤 즐라탄 이브라히모비치와 티아구 실바가 밀란에서 나란히 파리로 날아왔다. 나폴리 공격수 에제키엘 라베치도 합류했다. 2012-13시즌 PSG는 압도적 경기력으로 리그앙 우승을 차지했다. 2위였던 숙적 마르세유와 차이는 12점이나 되었다. 1998년 월드컵 우승 주장인 로랑 블랑 체제에서 PSG는 2년 연속 국내 쿼드러플이란 금자탑을 세웠다. 리그앙, 쿠프드프랑스, 쿠프드라리그, 트로페데샹피옹을 2년 내리 싹쓸이한 것이다. 즐라탄과 에딘손 카바니가 시즌 40골 이상씩 해결하면서 PSG는 프랑스 무대의 유일한 지배자로 입지를 굳혔다.

2017년 들어 PSG는 다시 세상을 놀라게 했다. 바르셀로나의 슈퍼스타 네이마르를 영입한 것이다. 나세르 알-켈라이피 PSG 겸 QSI 회장은 바이아웃 금액으로 설정되었던 2억 2,200만 유로의 지급을 약속해 스페인 축구계를 발칵 뒤집었다. 라리가는 각종 문제를 내세워 바이아웃 금액 지급을 거부했지만, 행정 절차에는 아무런 문제가 없었다. 비슷한 시기에 PSG는 모나코 신성 킬리안 음바페까지 영입하는 데에 성공했다. 1년 임대 후 1억 8,000만 유로를 지급하고 완전 영입하는 조건이었다. 슈퍼스타가 한꺼번에 두 명이나 도착한 PSG는 2017-18시즌 사상 세 번째 자국 쿼드러플을 달성했다.

광폭 행보의 목표 지점은 뚜렷했다. UEFA챔피언스리그
우승이었다. 카타르 체제에서 PSG의 시즌을 평가하는 유일한
기준은 챔피언스리그 성적뿐이었다. 하지만 유럽 최고 권위
대회에서 PSG는 이상하리만치 운이 없었다. 16강과 8강에서
연이어 강력한 우승 후보와 맞닥뜨리는 조 추첨이 이어졌다.
레알 마드리드, 바르셀로나, 바이에른 뮌헨은 물론
프리미어리그 강자 첼시와 너무 이른 단계에서 만나는 일이
반복되었다. 2019-20시즌 PSG는 챔피언스리그 결승 진출에
드디어 성공했지만, 또다시 바이에른의 관록에 0-1로 무릎을
꿇어야 했다. 결승골의 주인공은 다름 아닌 PSG 아카데미가
육성한 측면 공격수 킹슬리 코망이었다.

2020-21시즌 챔피언스리그에서 4강 탈락의 고배를 마시자
알-켈라이피 회장은 회심의 카드를 뽑았다. 바르셀로나의 영혼
리오넬 메시를 영입한 것이다. 재정난에 빠진 바르셀로나는
메시의 연봉을 감당할 수 없었고, PSG가 이런 틈을 파고들었다.
네이마르에 이어 다시 한번 PSG는 거짓말 같은 영입에
성공하며 메시가 파리에 도착했다. 2021-22시즌 PSG의
최전방은 메시, 네이마르, 음바페로 구성되었다. '풋볼 매니저'
에서나 가능할 법한 초호화 공격진에 전 세계 축구 팬들의
관심이 집중되었다.

PSG의 갈락티코 정책은 실패로 돌아갔다. 네이마르는 연이은
태클에 쓰러져 대부분 시간을 병원에서 보내야 했다. 메시의
클래스는 살아 있었지만, 리그앙 수비수들의 거친 마크에
고생했다. 사랑하는 바르셀로나를 떠났다는 상실감도 메시의
플레이를 무겁게 했다. 음바페 혼자 40골 전후의 공격력을
유지했지만, PSG는 이미 밸런스가 무너진 상태였다. 만화 같은
공격진을 갖추고도 PSG는 2년 연속 챔피언스리그에서 16강
탈락 수모를 당했다. 쿠프드프랑스에서도 두 번 모두 16강에서
미끄러졌다. 화가 난 파리 팬들은 메시에게 야유를 보내기
시작했고, 시즌이 끝나자 네이마르의 집 앞으로 몰려가 "당장
떠나라"라는 구호를 외쳤다. 서포터즈는 더 나아가 클럽 측의
갈락티코 정책에 반대하는 시위를 벌였다. 2023년 여름이
돼서야 알-켈라이피 회장은 갈락티코 정책을 폐기하기로 했다.
메시와 네이마르가 떠났지만, 입이 떡 벌어지는 슈퍼스타의
영입은 더는 없었다. 곤칼루 하무스와 우스만 뎀벨레를 제외한
나머지 영입생들은 모두 오늘보다 내일이 기대되는
자원들이었다. 마누엘 우가르테, 위고 에키티케, 셰르 은두르,
그리고 이강인처럼 20대 초반 선수들이 대거 합류했다. 앞으로
PSG가 어떤 방향으로 나아갈지를 확실히 보여 주는 대목이다.

카타르 시대2011-2023 시즌별 챔피언스리그 결과

2011-12			*유로파리그 조별리그
2012-13	vs 바르셀로나	2 : 2 / 1 : 1	8강
2013-14	첼시	3 : 1 / 0 : 2	8강
2014-15	바르셀로나	1 : 3 / 0 : 2	8강
2015-16	맨체스터 시티	2 : 2 / 0 : 1	8강
2016-17	바르셀로나	4 : 0 / 1 : 6	16강
2017-18	레알 마드리드	1 : 3 / 1 : 2	16강
2018-19	맨체스터 유나이티드	2 : 0 / 1 : 3	16강
2019-20	바이에른 뮌헨	0 : 1	준우승
2020-21	맨체스터 시티	1 : 2 / 0 : 2	4강
2021-22	레알 마드리드	0 : 1 / 1 : 3	16강
2022-23	바이에른 뮌헨	0 : 1 / 0 : 2	16강

패셔너블 클럽

파리 갈락티코는 실패했지만, 카타르 체제에서 PSG의 위상이 몰라보게
달라졌다는 사실은 누구도 부인할 수 없다. PSG의 마케팅 전략은 축구를
벗어난다는 점에서 여타 경쟁자들과 큰 차이를 보인다. QSI 측은 자신들의
연고지가 파리라는 사실을 너무나 잘 알고 있었다. 축구 성적만큼 클럽이
겉으로 어떻게 보이느냐가 중요하다는 사실 또한 PSG는 꿰뚫어 봤다. 때마침
전 세계 패션계에서는 축구 유니폼을 테마로 하는 '블록코어'가 새로운 트렌드로
뜨기 시작했다. 파리는 연중무휴 전 세계에서 여행자와 셀럽이 몰려드는 곳이다.
파리의 상징은 패션이다. 그곳에 PSG가 있다. PSG가 축구와 패션의 조화를
클럽 브랜드 마케팅의 키워드로 삼은 것은 매우 자연스러웠다. 클럽 인수와 함께
PSG는 나이키와 손을 잡고 새 단장에 나섰다. 이듬해에는 스포츠 브랜드 중
가장 확실한 마니아층을 확보한 브랜드 '조던'과 손을 잡았다. 조던은 축구,
PSG는 농구와 패션이라는 외연 확장에서 양자의 야망이 만난 결과였다. PSG
선수단은 세계 최초로 조던 브랜드의 로고가 새겨진 축구 유니폼을 착용했다.
마이클 조던은 직접 파르크 데 프랭스를 찾아 브랜드 홍보에 나섰다.

패션 컬래버는 스포츠 어페럴에만 국한되지 않았다. PSG는 젊은 브랜드 코셰와 함께 패션쇼를 개최했고, 캐나다의 '힙' 브랜드 '쓰리.파라다이스'와 컬래버한 서드킷을 발표했다. 명품의 상징 디오르는 PSG 선수단의 맞춤 정장을 제공한다. 각종 행사와 상업 활동을 위해 파리를 방문하는 세계적 셀럽의 동선에서 파르크 데 프랭스가 빠지지 않는 세상이 되었다. PSG의 홈경기는 그라운드 위의 스타플레이어는 물론 VIP석에 앉은 리한나, 비욘세, 샘 스미스 등의 화려한 모습과 함께 전 세계로 타전된다. 소셜 미디어와 마케팅 세상에서 '유명함'은 최고의 가치다. PSG는 축구라는 울타리를 넘어 패션과 문화의 브랜드로서 전 세계 젊은 소비자층에게 어필되고 있다. 세상에 이렇게 자신들을 알리는 축구 클럽은 PSG가 유일하다.

OLYMPIQUE DE MARSEILLE

파리 더비

파리 생제르맹PSG은 '스타드 생제르맹'과 '파리 FC'가 합쳐진 결과물이었다. 야심찬 파리 축구 클럽의 실현은 내부 균열로 인해 2년 만에 무산되고 말았다. '파리 FC'가 PSG에서 독립하면서 두 클럽은 필연적으로 라이벌 관계를 형성했다. 하지만 시간이 지나며 파리 FC는 하강, PSG는 상승하면서 둘의 맞대결은 좀처럼 이루어지지 않는 운명을 맞이했다.

르 클라시크

PSG의 최대 더비 상대는 프랑스 남부 최대 도시인 마르세유의 주인 올랭피크 드 마르세유다. 두 클럽은 프랑스 내 각종 타이틀을 걸고 맞대결을 펼쳤다. 양쪽 모두 단단한 팬 베이스를 구축했고, 정치, 경제, 사회 등 두 도시가 다방면에서 사사건건 부딪혔던 사회적 분위기가 르 클라시크에 그대로 투영되었다. 리그앙 통산 우승 횟수에서 PSG가 역대 최다인 11회, 마르세유가 9회를 기록 중이고, 쿠프드프랑스 통산 우승 횟수에서도 둘은 14회와 10회로 프랑스 내 단둘뿐인 두 자릿수 우승의 주인공들이다. 둘의 본격적 라이벌 구도는 1990년대 들어 격화되었다. PSG는 방송국 오너 <카날+>로부터 든든한 지원을 받았고, 마르세유는 풍운아 베르나르 타피 회장이 공격적으로 선수를 영입했기에 두 클럽은 각종 레벨에서 치열하게 맞붙었다. 1992-93시즌이 가장 상징적이었다. 마르세유는 리그앙 우승 경쟁에서 PSG를 따돌렸고, 더 나아가 UEFA 챔피언스리그 결승전에서 밀란을 1-0으로 꺾어 프랑스 클럽 최초의 유럽 챔피언에 등극했다. 기쁨은 오래가지 않았다. 마르세유가 리그앙 막판에 승부 조작을 시도한 사실이 발각되었다. 리그앙 타이틀은 박탈되었지만, 유럽축구연맹UEFA 측은 마르세유의 챔피언스리그 우승 기록을 구원해 주는 정치적 판단을 내렸다. 자국 리그를 2위로 마쳤던 PSG가 리그앙 우승을 승계해야 했지만, 클럽 오너인 <카날+>는 프랑스 남부 시청자들의 채널 탈퇴 가능성을 우려해 리그앙 챔피언이 될 기회를 고사했다. 다음 시즌, PSG는 마르세유의 리그앙 5연패를 저지하면서 통산 두 번째 리그 우승을 달성했고, 1996년에는 UEA컵위너스컵을 차지했다. PSG 팬들로서는 '우리가 진정한 프랑스 최초의 유럽 우승'이라는 자긍심을 획득하는 순간이었다. 2011년 카타르 시대가 개막하면서 '르 클라시크'의 치열함은 확연하게 파리 쪽으로 기울기 시작한다. 2011-12시즌부터 지금까지 리그앙에서 마르세유는 PSG보다 높은 순위로 시즌을 마친 적이 없다.

PARIS SAINT-GERMAIN

프랑스 리그앙 2023 2024

LIGUE 1
Uber Eats

프랑스 리그앙은 유럽 빅5 중 하나다. 지속적인 인재 유출로 인해 최근 유럽축구연맹UEFA 리그 랭킹에서 네덜란드 에레디비시에에 밀려 6위로 내려앉았지만, 여전히 리그앙은 팬들에게 다양한 볼거리를 제공한다. 프랑스 리그는 1932년 나시오날National이라는 명칭으로 출범했다. 1933년 디비지옹Division 1으로 이름이 바뀐 후 2002년 우리에게 익숙한 리그앙LIGUE 1으로 변경됐다. 최고 빅클럽은 단연 파리 생제르맹PSG이다. 클럽 창단은 반세기로 비교적 짧아도 최다 리그 우승11회를 자랑하는 리그앙의 대표 상품이다. 2000년대 리그 7연패를 달성했던 올랭피크 리옹과 올랭피크드 마르세유, AS 모나코도 글로벌 팬들에게 익숙한 로컬 강자들이다.

수비를 중시하는 플레이 스타일로 경기 중 몸싸움이 상당히 거칠기로 유명하다. 볼을 조금이라도 길게 끌면 사방에서 거친 태클이 날아든다. 대표적 피해자가 바로 네이마르다. 신계에 가까운 드리블 능력을 갖췄으면서 네이마르는 리그앙의 거친 태클에 눈물을 흘려야 했다. 화려한 개인 스킬은 마크맨의 반칙성 태클을 도발하는 역효과만 낳았다. 이런 스타일 탓에 리그앙에서 잔뼈가 굵은 골잡이들은 대부분 몸싸움이 강하거나 최대한 효율적인 피니시에 단련되어 있다. 리그앙 출신 드리블러들이 다른 리그로 이적해 폭풍 활약을 하는 배경에는 탄탄한 태클 대응력이 있다고 볼 수 있다. 티에리 앙리, 디디에 드로그바, 카림 벤제마, 에당 아자르 등이 대표적이다. 리그앙은 이번 시즌부터 팀 수를 20개에서 18개로 축소했다. 리그 총회에서 무려 97% 찬성표를 받은 선택이다. 과거 18개 팀 체제에서 2002-03시즌 들어 20개 팀으로 확장되었는데, 리그 경쟁력 강화와 경제적 손실 최소화라는 필요성으로 인해 다시 18개 팀 체제로 복귀했다. 2022-23시즌 최종 17위부터 20위까지 4개 팀이 강등되었고, 2부에서 두 팀만 올라와 2023-24시즌부터 18개팀, 팀당 34라운드로 경쟁한다.

최종 순위 1~3위가 다음 시즌 UEFA챔피언스리그 조별리그에 직행하고, 4위는 플레이오프를 거친다. 5위는 유로파리그, 6위는 컨퍼런스리그 플레이오프 출전권을 얻는다. 강등권은 총 3개 팀이다. 17위와 18위가 다음 시즌 리그2로 강등되고, 16위는 2부의 3~4위 승자와 1부 잔류 여부를 놓고 다툰다.

리그앙은 의외로 국내 축구 팬들에게 익숙하다. 1997년 서정원이 RC 스트라스부르로 이적해 리그앙 최초의 한국인 선수로 등록되었다. 이후 이상윤FC 로리앙, 안정환FC 메스, 박주영AS 모나코, 남태희발랑시엔 FC, 정조국AJ 오세르, AS 낭시, 권창훈디종 FCO, 황의조지롱댕 드 보르도 등 대한민국 국가대표 선수들이 리그앙 무대에서 구슬땀을 흘렸다. 사실 프랑스 진출 1호는 1992년 로데스 AF에서 뛰었던 최순호이지만, 당시 소속팀은 리그2부 리그 소속이었다.

1	PSG
2	랑스
3	마르세유
4	스타드 렌
5	릴
6	모나코
7	리옹
8	클레르몽
9	니스
10	로리앙
11	랭스
12	몽펠리에
13	툴루즈
14	브레스투아
15	스트라스부르
16	낭트
17	오세르
18	아작시오
19	트루아
20	앙제

PARIS SAINT-GERMAIN

RC LENS

OLYMPIQUE MARSEILLE

STADE RENNAIS

LILLE OSC

REIMS

MONTPELLIER HSC

TOULOUSE FC

STADE BRESTOIS

RACING CLUB DE STRASBOURG

영국

벨기에

독일

5
2
노르파드칼레

피카르디

오트
노르망디

바스노르망디

11

로렌

15

브르타뉴

4

19   상파뉴
아르덴

알자스

14

페이드라루아르

1
일드프랑스

17

10

16   20

상트르

부르고뉴

프랑슈
콩테

스위스

푸아트사랑트

리무쟁

8
오베르뉴

7
론알프

아키텐

이탈리아

미디피레네

프로방스

9   6

13

랑그도크
루시용

12

3

스페인

코르스

18

AS MONACO
FC

OLYMPIQUE
LYONNAIS

CLERMONT
FOOT

OGC
NICE

FC
LORIENT

FC
NANTES

A.J.
AUXERRE

AC
AJACCIO

ES
TROYES

ANGERS
SCO

11 10 9

Uber Eats

ON 2023

* 1회 우승 : 랭스, 릴루아, 옥세르, 몽펠리에, 라싱 파리, 스트라스부르, 루베아-투르쿠앙

8 7 6 4 2

| 모나코 / 낭트 | 리옹 | 보르도 / 랭스 | 릴 / 니스 | 소쇼 / 세테 |

SQUAD

STAFF 코칭스태프

직책	이름	국적	나이
감독	루이스 엔리케	*ESP*	*53*
수석 코치	라펠 폴	*ESP*	*36*
코치	아이토르 운주에	*ESP*	*32*
피트니스 코치	페드로 고메스	*ESP*	*43*
피트니스 보조	알베르토 피에르라스	*ESP*	*35*
골키퍼 코치	보르야 알바레스	*ESP*	*31*
골키퍼 보조 코치	장-루크 오베르	*FRA*	*49*
비디오 분석관	라몬 마디르	*ESP*	*49*
메디컬 매니저	패트릭 플라망	*FRA*	*63*

SAINT-GERMAIN

PLAYER 선수단

등번호	포지션	이름	국적	나이	키(㎝)	주발	계약기간
1	GK	케일러 나바스	CRC	36	185	R	2024.6
2	RB	아슈라프 하키미	MAR	24	181	R	2026.6
3	CB	프레넬 킴펨베	FRA	28	183	L	2024.6
4	DM	마누엘 우가르테	URU	22	182	R	2028.6
5	CB	마르키뇨스	BRA	29	183	R	2028.6
6	CM	아슈라프 하키미	MAR	24	181	R	2026.6
7	CF	킬리안 음바페	FRA	24	178	R	2024.6
8	CM	파비안 루이스	ESP	27	189	L	2027.6
9	CF	곤칼로 하무스	POR	22	185	R	2024.6
10	RW	우스만 뎀벨레	FRA	26	178	B	2028.6
11	RW	마르코 아센시오	ESP	27	182	L	2026.6
14	LB	후안 베르나트	ESP	30	170	L	2025.6
15	DM	다닐루 페레이라	POR	31	188	R	2025.6
16	GK	세르히오 리코	ESP	29	196	R	2024.6
17	CM	비티냐	POR	23	172	R	2027.6
19	AM	이강인	KOR	22	173	L	2028.6
21	CB	뤼카 에르난데스	FRA	27	184	L	2028.6
25	LB	누노 멘데스	POR	21	183	L	2026.6
26	RB	노르디 무키엘레	FRA	25	187	R	2027.6
27	CM	셰르 은두르	ITA	19	190	B	2028.6
28	CM	카를로스 솔레르	ESP	26	180	R	2026.6
29	RB	티모시 펨벨레	FRA	20	183	R	2024.6
30	GK	알렉산더 레텔리어	FRA	31	193	R	2024.6
32	LB	라이빈 쿠르자와	FRA	30	182	L	2024.6
33	CM	자이르 에메리	FRA	17	178	R	2025.6
34	LW	율리안 드락슬러	GER	29	185	R	2024.6
35	AM	이스마엘 가르비	ESP	19	173	R	2025.6
37	CB	밀란 슈크르니아르	SVK	28	188	R	2028.6
38	CM	에단 음바페	FRA	16	176	L	2024.6
39	CF	일리에스 후스니	FRA	18	172	R	2026.6
44	CF	휴고 에키티케	FRA	21	189	R	2027.6
80	GK	아르나우 테나스	ESP	22	188	R	2026.6
99	GK	잔루이지 돈나룸마	ITA	24	196	R	2026.6

LOANED-OUT 임대 명단

포지션	이름	국적	나이	키(㎝)	주발	계약기간	임대팀
GK	루카스 라발레	FRA	20	195	R	2024.6	USL 덩케르크
CM	아이만 카리	FRA	18	176	R	2024.6	로리앙
CM	헤나투 산체스	POR	26	176	R	2024.6	AS로마
AM	사비 시몬스	NED	20	179	R	2024.6	RB라이프치히

PARC
DES
PRINCES

파르크 데 프랭스

1974년부터 파리 생제르맹이 홈 경기장으로 사용 중이다. 프랑스혁명 이전까지 부르봉 왕가의 공원이 있던 연유로 현재 명칭(왕자공원)이 굳어졌다. 1897년 종합운동장으로 문을 열었고, 1932년 리노베이션을 통해 관중석이 설치되었다. UEFA챔피언스리그의 전신인 유러피언 챔피언스컵(유러피언컵)의 원년 시즌 결승전이 바로 이곳에서 열렸다. 1972년 건축가 로저 타딜리베르트(프랑스)와 작가 시아바쉬 테이무리(이란)의 협업으로 두 번째 리노베이션 공사를 거쳐 현재의 외관이 완성되었다. 재개장한 파르크 데 프랭스 는 당시 기준으로 프랑스 최대 규모를 갖춰 국가대표팀의 홈 경기장으로 사용되기에 손 색이 없었다. PSG는 1부로 승격한 1974년부터 이곳에 둥지를 틀어 지금까지 이어진다. 2013년 파리 시의회는 유로2016을 앞두고 파르크 데 프랭스의 3차 리노베이션 공사에 착수했다. 3년에 걸친 내부 시설 개선으로 기존 수용 인원(4만 8천 석)을 유지하면서 1 인당 좌석 크기가 늘었고, VIP박스도 4,500명 규모로 확장되었다. 홈 경기장에는 클럽 의 각종 상품을 판매하는 스토어가 상시 영업 중이며 경기가 없는 날에는 공식 홈페이지 를 통해 스타디움 투어 프로그램(1인당 15유로, 3세 이하 유아 무료)을 예약할 수 있다. 현 오너인 '카타르 스포츠 인베스트먼트'는 조만간 1억 5천만 유로를 투입해 수용 인원을 6만 석 규모로 확장할 계획이다. 시내를 관통하는 지하철 9호선의 '포르트 드 생 클루'역 에서 도보 5분 거리에 있어 교통이 편리하다.

RECORDS

파리 생제르맹 역대 시즌별 결과

시즌	리그	쿠프드프랑스	쿠프드라리그	트로페데상피옹	UEFA 대회
1970-71 *2부	1위	64강			
1971-72	16위	64강			
1972-73 *3부	2위	64강			
1973-74 *2부	2위	8강			
1974-75	15위	4강			
1975-76	14위	8강			
1976-77	9위	16강			
1977-78	11위	32강			
1978-79	13위	32강			
1979-80	7위	32강			
1980-81	5위	32강			
1981-82	7위	우승			
1982-83	3위	우승			컵위너스컵 8강
1983-84	4위	64강			컵위너스컵 2R
1984-85	13위	준우승			UEFA컵 2R
1985-86	우승	4강			
1986-87	7위	32강			유러피언컵 1R
1987-88	15위	32강			
1988-89	2위	16강			
1989-90	5위	64강			UEFA컵 2R
1990-91	9위	16강			
1991-92	3위	32강			
1992-93	2위	우승			UEFA컵 4강
1993-94	우승	8강			컵위너스컵 4강
1994-95	3위	우승	우승		챔피언스리그 4강
1995-96	2위	16강	32강	우승	슈퍼컵 준우승, 컵위너스컵 준우승
1996-97	2위	16강	32강		챔피언스리그 조별리그
1997-98	8위				컵위너스컵 1R
1998-99	9위	32강	8강	우승	
1999-2000	2위	16강	준우승		
2000-01	9위	32강	32강		챔피언스리그 조별리그
2001-02	4위	8강	4강	인터토토컵 우승	UEFA컵 3R
2002-03	11위	준우승	32강		UEFA컵 3R
2003-04	2위	우승	32강		
2004-05	9위	16강	16강	준우승	챔피언스리그 조별리그
2005-06	9위	우승	16강		
2006-07	15위	8강	16강	준우승	UEFA컵 16강
2007-08	16위	준우승	우승		
2008-09	6위	16강	4강		UEFA컵 8강
2009-10	13위	우승	16강		
2010-11	4위	준우승	4강	준우승	유로파리그 16강
2011-12	2위	8강	16강		유로파리그 조별리그
2012-13	우승	8강	8강		챔피언스리그 8강
2013-14	우승	32강	우승	우승	챔피언스리그 8강
2014-15	우승	우승	우승	우승	챔피언스리그 8강
2015-16	우승	우승	우승	우승	챔피언스리그 8강
2016-17	2위	우승	우승	우승	챔피언스리그 16강
2017-18	우승	우승	우승	우승	챔피언스리그 16강
2018-19	우승	준우승	8강	우승	챔피언스리그 16강
2019-20	우승	우승	우승	우승	챔피언스리그 준우승
2020-21	2위	우승			챔피언스리그 4강
2021-22	우승	16강		준우승	챔피언스리그 16강
2022-23	우승	16강		우승	챔피언스리그 16강

2023 2024
파리생제르맹
LIGUE 1 FIXTURES

1	2023.8.12	VS	로리앙	H
2	2023.8.19		툴루즈	A
3	2023.8.26		랑스	H
4	2023.9.3		올랭피크 리옹	H
5	2023.9.17		니스	H
6	2023.9.24		마르세유	A
7	2023.10.1		클레르몽 푸트	A
8	2023.10.8		렌	A
9	2023.10.22		스트라스부르	H
10	2023.10.29		스타드 브레스트	A
11	2023.11.5		몽펠리에	H
12	2023.11.12		스타드 랭스	A
13	2023.11.26		모나코	H
14	2023.12.3		르아브르	A
15	2023.12.10		낭트	H
16	2023.12.17		릴	A
17	2023.12.20		메츠	H
18	2024.1.14		랑스	A
19	2024.1.28		스타드 브레스트	H
20	2024.2.4		스트라스부르	A
21	2024.2.11		릴	H
22	2024.2.18		낭트	A
23	2024.2.25		렌	H
24	2024.3.3		모나코	A
25	2024.3.10		스타드 랭스	H
26	2024.3.17		몽펠리에	A
27	2024.3.31		마르세유	H
28	2024.4.7		클레르몽 푸트	H
29	2024.4.14		로리앙	A
30	2024.4.21		올랭피크 리옹	A
31	2024.4.28		르아브르	H
32	2024.5.3		니스	A
33	2024.5.11		툴루즈	H
34	2024.5.18	VS	메츠	A

국가대표팀 대회 일정

성공 DNA

루이스 엔리케
L U I S E N R I Q U E

루이스 엔리케 감독의 DNA에는 성공이란 두 글자가 새겨져 있다. 스포르팅 히혼에서 프로에 데뷔한 엔리케는 스페인의 두 거함 레알 마드리드(1991~1996)와 바르셀로나(1996~2004)에서 모두 뛰며 성공적인 시기를 보냈다. 레알 마드리드에선 라리가 우승 1회, 코파델레이 우승 1회, 수페르코파데에스파냐 우승 1회를 차지했다. 바르셀로나에서는 본래 포지션인 중앙 미드필더에서 골잡이 능력까지 발휘하면서 라리가 우승 2회, 코파델레이 우승 2회, 수페르코파데에스파냐 우승 1회, UEFA컵위너스컵 우승 1회, UEFA슈퍼컵 우승 1회에 이르는 눈부신 타이틀 컬렉션을 완성했다. 엔리케는 2004년 현역 은퇴를 발표했는데 선수 시절 수많은 우승 경험은 본인의 지도자 생활에 큰 밑거름이 됐다.

엔리케 감독은 2008년 바르셀로나B팀에서 본격적으로 지도자 생활을 시작했다. 엔리케 감독은 2009-10시즌 바르셀로나B팀을 2부 리그로 승격시켜 지도력을 증명했다. 바르셀로나와 계약 기간이 2년이나 남은 시점에서 그는 AS로마 지휘봉을 잡았다. 1군 축구를 원했던 엔리케 감독과 변화가 필요했던 AS로마의 만남은 완벽해 보였다. 하지만 2011-12시즌 AS로마는 유럽클럽대항전 출전에 실패했고, 엔리케 감독은 초라하게 팀을 떠났다. 엔리케 감독은 잠시 휴식을 가진 뒤 2013년 6월 셀타비고에서 새로운 시작을 알렸다. 강등을 걱정하던 셀타비고는 리그 9위라는 준수한 성적을 거뒀다. 이 활약을 발판으로 엔리케 감독은 친정 바르셀로나의 감독으로 금의환향할 수 있었다.

엔리케 감독의 전성기는 바르셀로나 시절이다. 2014-15시즌 엔리케

감독은 MSN라인(리오넬 메시, 루이스 수아레스, 네이마르)이라는 세계 최고 공격진을 구성했다. 이들을 막을 수 있는 팀은 사실상 없었다. 바르셀로나는 라리가, 코파델레이, UEFA챔피언스리그까지 모두 우승을 차지하며 역사적 트레블을 달성했다. 엔리케 감독의 지도 아래 바르셀로나는 세계 최초로 트레블을 두 차례 달성한 팀이 됐다. 첫 시즌부터 너무 높은 곳에 오른 걸까? 고점에 오른 엔리케 감독은 서서히 내리막길을 걸었다. 주축 선수들에 의존하는 전술은 한계에 부딪혔다. 결국 계약이 만료되는 2017년 6월 이후 팀에서 물러나겠다고 발표했다. 트레블을 달성한 엔리케 감독을 원하는 팀은 많았다. 아스널, 파리 생제르맹 등 다양한 클럽이 러브콜을 보냈지만 그의 선택은 스페인 대표팀이었다. 엔리케 감독은 UEFA네이션스리그 준우승, 유로2020 3위, FIFA카타르월드컵 16강 성적을 거둔 뒤 대표팀에서 물러났다.

엔리케 스타일

엔리케 감독은 전술은 명확하다. 압도적 공격으로 상대를 제압한다. 바르셀로나 시절 MSN라인을 전방에 배치하고, 2선에도 공격적 자원들을 세웠다. 그로 인해 세르히오 부스케츠에게 수비 부담감이 높아졌다. 다행히 공격이 막강했던 바르셀로나는 원하는 결과를 얻을 수 있었다. 문제는 중원에서 뛰는 선수들의 체력이었다. 경기장을 쉴 틈 없이 뛰어다니던 이반 라키티치, 부스케츠가 무너지면 팀 전체가 흔들리는 현상을 보면 알 수 있다. 엔리케 감독에게는 중원에서 공수를 오가며 활발하게 움직이는 박스투박스 미드필더가 필수적이다. 공격 전개를 자세히 보면 바르셀로나 특유의 안정적인 볼 점유와 패싱 플레이를 선호하면서도 모험적 패스도 강조하는 감독이다. 뛰어난 탈압박 능력과 패스 능력을 갖춘 이강인에게는 긍정적인 부분이다. 그렇다면 엔리케 감독은 PSG에서 성공을 거둘 수 있을까.

PSG의 기존 전술은 단순하고 명확했다. 전방에 킬리안 음바페와 네이마르라는 특급 공격수를 살려 신속한 역습이 주를 이뤘다. 탈압박과 패스 능력이 뛰어난 마르코 베라티가 날카로운 패스를 찌르면 두 선수가 화려한 개인기로 수비진을 무너뜨린 후 골을 터트리는 패턴이다. 이를 막을 수 있는 팀은 많지 않았다. 하지만 최전방 개인들의 컨디션이 떨어지면 팀 경기력이 전체적으로 꼬인다. 2019-20시즌 UEFA챔피언스리그 결승전이 명징한 사례였다. 바이에른 뮌헨이 중원에서 강한 압박을 가하자 전방 선수들은 고립된 상태에서 개인 능력으로만 국면을 타개해야 했다. 운 좋게 수비를 뚫어도 골문 앞에는 세계 최고 골키퍼 마누엘 노이어가 버텼다. 모든 면에서 밀린 PSG는 준우승에 머물렀다.

엔리케 감독이 새로 부임한 PSG는 완전히 다른 팀이 될 것으로 보인다. 일단 리오넬 메시, 네이마르가 팀을 떠났고 이강인, 마르코 아센시오, 곤살로 하무스, 우스만 뎀벨레 등 새로운 공격수들이 대거 합류했다. PSG의 프리시즌과 리그 초반 경기를 보면 빠른 역습보다는 패스 플레이로 경기를 풀어 가기를 선호한다. 엔리케 스타일이 완전히 팀에 이식되지 않은 탓에 지금까지는 단점이 더 명확하다. 무의미한 패스가 지나치게 많아 비효율적이다. 프리시즌 4경기 성적은 1승 1무 2패. 전북 현대전 승리도 네이마르의 개인 능력의 산물이었다. 개막전이었던 로리앙전에서는 수많은 패스를 주고받으며 점유율을 80%까지 올렸지만 득점이라는 마침표를 찍지 못했다. 물론 슈퍼스타 음바페가 없었다는 건 변명의 이유가 된다. 이제 음바페가 클럽 측과 평화 협정에 합의했으니 엔리케 감독도 본인의 축구 스타일을 제대로 펼칠 수 있을 것으로 보인다.

2 0 2 3 2 0 2 4

PSG

WHO'S WHO

게으른 천재

우스만 뎀벨레

OUSMANE DEMBELE

우스만 뎀벨레는 게으른 천재라는 말이 딱 어울린다. 확실한 재능이 갖가지 원인으로 빛을 발하지 못한다. 뎀벨레는 1997년생으로 올해 26세. 이제 전성기를 시작할 나이에 바르셀로나를 떠나 파리 생제르맹 이적을 선택했다. 이번 도전은 본인 커리어에 매우 중요하다.

뎀벨레는 프랑스 북부 노르망디에 있는 베르농에서 태어났다. 이후 스타드렌 유소년에서 본격적으로 축구를 시작했다. 뎀벨레의 재능은 눈에 띨 수밖에 없었다. 폭발적 속도와 양발을 자유롭게 쓰는 뎀벨레는 어린 시절부터 완벽한 '크랙'이었다. 뎀벨레는 리저브를 거쳐 2014년 스타드렌과 프로 계약을 체결하며 커리어를 시작했다.

본격적 시작은 2015-16시즌이었다. 뎀벨레는 당찬 신인이었다. 첫 시즌이었지만 낭트전에서 해트트릭을 기록하며 자신의 이름을 알렸다. 첫 시즌 성적표는 리그 26경기 12골. 이 활약으로 뎀벨레는 한 시즌 만에 독일 분데스리가의 명문 보루시아 도르트문트로 이적했다. 이때부터 뎀벨레는 유럽에서 주목하는 특급 유망주였다. 도르트문트에서도 뎀벨레는 날아다녔다. 첫 시즌인 2016-17시즌 49경기에서 10골 20도움이라는 믿을 수 없는 공격 포인트를 기록하며 모두를 놀라게 했다. 이때부터 레알 마드리드, 바르셀로나 등 빅클럽들이 관심을 표명했다.

행운도 따랐다. 바르셀로나에 있던 네이마르가 파리 생제르맹으로 떠난 것이다. 2억 2,200만 유로(약 3,230억 원)라는 엄청난 이적료를 손에 쥔 바르셀로나는 네이마르의 빈자리를 채우기 위해 특급 재능 뎀벨레를 영입했다. 이적료는 무려 1억 6,500만 유로(약 2,400억 원)이었

다. 그만큼 바르셀로나는 뎀벨레의 잠재력을 믿었다. 하지만 여기서부터 뎀벨레의 곡선은 상승을 멈췄다. 부상으로 경기에 나서지 못하는 시간들이 점점 늘어났다. 이런 상황 속에서도 뎀벨레는 자신의 재능을 증명하는 경기를 펼치기도 했다. 라리가 34라운드 비야레알전 득점 장면은 메시의 재현이었다. 환상적인 돌파로 수비를 모두 무너뜨린 뎀벨레는 골키퍼를 넘기는 기막힌 칩슛으로 골망을 흔들었다. 바르셀로나 팬들이 뎀벨레에게 기대하는 바로 그 모습이었다.

시간이 지날수록 뎀벨레의 바르셀로나 커리어는 내려갔다. 부상과 프로답지 않은 모습들이 겹치면서 게으른 천재라는 별명이 붙었다. 부상은 악몽 그 자체였다. 햄스트링, 종아리, 근육통 등 축구선수로서 필요한 모든 부위에서 문제가 발생했다. 뎀벨레는 구단 의료진과 검사를 예약한 시간에 나타나지 않는 등 프로답지 못한 모습을 보이기도 했다. 부상 중에 에이전트를 통해 다른 구단들과 접촉하며 이적을 모색하기도 했다. 뎀벨레가 최악의 모습을 보여 준 2019-20시즌에는 모든 대회를 통틀어 9경기밖에 뛰지 못했다.

뎀벨레는 바르셀로나와 재계약 협상을 두고 팽팽한 기 싸움을 펼쳤다. 이기적으로 보이는 태도는 팀 분위기를 흐렸고 점점 구단과 팬들의 마음에서 멀어졌다. 결국 2022년 7월 2년 재계약을 체결했지만 1년 뒤인 2023년 여름 PSG로 훌쩍 떠났다. 풍운의 꿈을 안고 도전했던 바르셀로나에서 뎀벨레는 결과적으로 역대 최악의 영입 중 하나로 전락하고 말았다. 그만큼 앞으로 PSG에서 뎀벨레가 어떤 모습을 보이느냐가 중요하다. 유럽에서 가장 주목받았던 유망주가 도르트문트에서 성공한 뒤 바르셀로나에서 최악의 모습을 보여 줬기 때문이다. 뎀벨레는 PSG에서 본인의 가치를 재차 입증해야 한다.

다행히 파리에서 뎀벨레의 성공 가능성은 높아 보인다. 엔리케 감독의 공격 축구에서 뎀벨레는 충분히 빛날 수 있다. 엔리케 감독은 패스 위주로 경기를 운영하지만 모험적인 패스도 자주 시도한다. 이런 플레이 스타일은 뎀벨레에게 유리하다. 중원에서 이강인, 솔레르, 비티냐의 날카로운 패스를 받아 수비 라인을 뚫고 뒷공간에서 폭발적인 속도를 이용한다면 다득점 활약도 기대해 볼 만하다. 더불어 PSG에는 음바페라는 특급 해결사가 있다. 2021-22시즌 라리가에서 뎀벨레는 도움왕(13도움)에 오른 실적이 있다. 모든 건 선수 본인에게 달려 있다. 뎀벨레가 프로다운 모습으로 성실히 훈련을 하고, 잦은 부상을 당하지 않는다면 과거 유럽 전체를 놀라게 했던 그 모습을 다시 보여 줄 수 있다. 뎀벨레는 우리에게 어떤 모습을 보여 줄까.

2023 2024
PSG
WHO'S WHO

현대 축구
수비의 교과서

마르키뇨스
MARQUINHOS

마르키뇨스는 현대 축구에서 더욱 빛나는 선수다. 키 183cm, 체중 75kg으로 센터백을 하기에는 다소 부족한 신체 조건에도 뛰어난 축구 실력과 리더십으로 세계 최고 수비수 반열에 올랐다. 축구 지능이 높아 라이트백과 수비형 미드필더까지 다양한 포지션을 소화한다.

어렸을 때부터 마르키뇨스는 눈에 띄었다. 2002년 브라질의 명문 구단 코린치안스 유소년에서 축구를 시작했고, 2011년 프로 계약을 맺어 1군에 데뷔했다. 유럽 스카우트들은 브라질의 반짝이는 재능을 놓치지 않았다. 다음 해 이탈리아 세리에A 명문 AS로마의 러브콜을 받아 임대 이적했다. 마르키뇨스는 첫 시즌부터 주전으로 활약하며 모두를 놀라게 했다. 18세 마르키뇨스는 거친 세리에A 무대에서도 빛났다. 뛰어난 수비 능력과 정확한 패스, 수비 라인을 지휘하는 리더십까지 마르키뇨스는 이미 완성된 선수였다. AS로마는 완전 영입을 빠르게 결정했다.

많은 빅클럽은 신기한 재능을 가진 마르키뇨스를 흥미롭게 지켜봤다. 이때 파리 생제르맹이 적극적으로 영입을 시도해 2013년 여름 5+1년 이라는 장기 계약으로 마르키뇨스를 품에 안았다. 유럽에서 한 시즌밖에 뛰지 않은 18세 선수가 3,500만 유로(약 510억 원)라는 엄청난 이적료를 기록하는 순간이었다. 당시 10대 선수 최고 이적료였다. 그만큼 마르키뇨스가 가진 잠재력이 대단했다. PSG 유니폼을 입은 마르키뇨스는 처음부터 활약했다. 주전 센터백 자리는 티아고 실바와 알렉스가 차지한 상태에서 마르키뇨스는 주로 교체 자원으로 활용됐다. 이후 다비드 루이스가 첼시에서 합류하며 경쟁자가 늘어났지만, 주전 선수들

이 다치거나 경고 누적 등으로 출전하지 못할 때마다 마르키뇨스가 완벽하게 공백을 채웠다.

주전으로 올라선 마르키뇨스는 유럽 최고의 수비수로 성장했다. 토마스 투헬 감독은 센터백으로 뛰던 마르키뇨스를 수비형 미드필더로도 종종 기용했다. 변칙적 포지션 기용은 뛰어난 축구 지능으로 아무런 문제를 일으키지 않았다. PSG는 2018-19시즌 UEFA챔피언스리그 16강 1차전에서 맨체스터 유나이티드를 상대했다. 마르키뇨스는 마르코 베라티와 함께 미드필더로 뛰어 상대의 플레이메이커 폴 포그바를 꽁꽁 묶으며 승리를 이끌었다. 활동량이 적은 포그바를 쉬지 않고 따라다니며 끝없이 견제했던 맨 마킹이 일품이었다. 포그바가 볼을 잡지 못하자 맨유의 공격 빌드업이 부실해졌다. 아쉽게도 PSG의 기쁨은 1차전에서 그쳤다. 2차전에서 PSG는 맨유에 1-3으로 패했다. 원정득점우선 원칙에 따라 PSG는 8강 티켓을 맨유에 양보해야 했다. 이때부터 마르키뇨스는 수비형 미드필더와 센터백을 오가며 수비에서 핵심 역할을 수행했다.

2020-21시즌을 앞두고 티아고 실바가 첼시로 떠나자 부주장이었던 마르키뇨스는 팀의 주장을 맡았다. 마르키뇨스의 리더십은 팀을 하나로 뭉치게 했다. 토마스 투헬 감독이 경질되고 마우리시오 포체티노 감독이 선임되는 시끄러운 상황에서 마르키뇨스가 선수단을 이끌어 분위기를 다잡았다. 월드 클래스 선수로 성장한 마르키뇨스는 지금까지도 PSG의 핵심 역할을 수행한다. 마르키뇨스를 향한 팀의 믿음은 시간이 갈수록 굳건하다. 2022-23시즌을 앞두고는 2028년까지 장기 재계약을 제안했다. 현 계약 기간을 채우면 마르키뇨스는 파리에서만 15년 동안 뛰는 레전드가 된다. 현재 마르키뇨스는 408경기로 클럽 역대 최다 출전 3위에 올랐다. 2위 마르코 베라티(416경기)와 1위 장 마르크 필로제(436경기)가 모두 기록 경신의 가시권에 있다. 이미 마르키뇨스는 PSG 레전드라고 해도 과언이 아니다.

마르키뇨스의 플레이 스타일은 다양한 능력을 요구하는 현대 축구에 부합한다. 과거의 수비수는 수비에만 집중하는 것이 미덕이었다. 축구 전술이 진화하고 선수들의 체력 및 기술 수준이 높아지면서 수비수가 갖춰야 할 항목도 증가 추세에 있다. 21세기 수비 자원은 수비는 기본이고 패스 전개부터 공격 가담까지 전방위적 능력을 보유해야 한다. 마르키뇨스가 딱 그런 선수다. 수비력은 기본적으로 좋다. 빌드업 출발점에서 정확한 패스로 공격을 발동하는 플레이에 능하다. 특히 볼을 지키는 능력이 좋아 위험 지역에서도 좀처럼 소유권을 잃지 않는다. 위치 선정까지 좋아 빅매치에서 종종 득점도 기록한다. 평범한 피지컬에도 헤더 능력이 위협적이고 속도가 빠르다. 경기 중 피지컬의 한계에 부딪히는 장면도 가끔 연출되지만, 마르키뇨스는 뛰어난 감각과 센스로 미리 대처하는 방법을 선택한다.

PSG의 경기를 보면 마르키뇨스의 출전 여부가 큰 차이를 만든다. 마르키뇨스가 수비 지역에 자리하면 경기력이 전체적으로 안정적이다. 공격수들은 수비 부담을 줄여 본래 역할에 집중할 수도 있다. 마르키뇨스는 엔리케 감독 체제에서도 주장 역할을 하며 많은 경기에 나설 것으로 보인다. 2023-24시즌 프랑스 리그앙 개막전이었던 로리앙전에서는 밀란 슈크리니아르와 다닐루 페레이라가 센터백 듀오로 나섰는데 마르키뇨스는 경미한 부상으로 후반 막판에 교체로 출전했다. 최근 전 세계 축구계를 흔드는 사우디아라비아 이적설이 잠시 나왔지만, 마르키뇨스는 엔리케 감독과 함께 PSG에서 유럽 정상에 오르겠다는 열망을 선택했다. 올 시즌 PSG 스쿼드에는 신입생이 많다. 이럴 때일수록 마르키뇨스의 리더십이 필요하다.

2 0 2 3 2 0 2 4
PSG
WHO'S WHO

세계 최고 풀백

아쉬라프 하키미
ACHRAF HAKIMI

모로코의 보석 아쉬라프 하키미는 현재 세계 최고의 풀백 중 하나다. 1998년 겨울 스페인의 수도 마드리드에서 태어난 모로코 소년은 8세부터 레알 마드리드 유소년에 입단해 축구를 본격적으로 시작했다. 재능은 어려서부터 눈에 띄었다. 2016년부터 하키미는 레알 마드리드 카스티야(2군)와 1군을 오가며 가능성을 확인했다. 데뷔전은 2016년 프리시즌 경기였다. 공교롭게도 상대는 파리 생제르맹이었다. 인상적인 모습을 보여 준 하키미는 2017년 1군으로 승격하며 본격적으로 프로 생활을 시작했다. 하키미는 다니 카르바할과 나초 페르난데스의 백업 자원으로 활용됐다. 2017-18시즌 UEFA챔피언스리그에서 하키미는 모로코 선수 최초로 우승 메달을 목에 거는 영광을 안았다.

19세 풀백의 재능은 분명했지만 레알의 '넘사벽' 주전 경쟁에서 이기기는 시기상조였다. 하키미는 독일 분데스리가의 명문 보루시아 도르트문트로 2년 임대를 선택했다. 독일행은 하키미 본인과 도르트문트 모두에 성공적이었다. 하키미는 도르트문트에서 주전 풀백으로 뛰었다. 폭발적 스피드를 갖춘 하키미는 측면에서 과감하게 공격에 가담해 본인 안에 있던 공격적 재능을 유감없이 발휘했다. 2020년 6월 우니온 베를린전에서는 순간 속도 36.48km/h를 기록해 분데스리가 역대 최고 스프린트 속도 신기록을 세웠다. 하키미의 정확한 킥은 빅매치에서 위력을 발휘했다. 도르트문트 첫 시즌이 골절상으로 조기 종료되었다는 사실 외에는 모든 게 완벽했다.

도르트문트에서 보낸 두 번째 시즌에서는 더욱 안정적인 모습을 보여

줬다. 출전 기회가 늘어나면서 성장 속도가 빨라졌다. UEFA챔피언스리그에서 보인 맹활약으로 하키미는 엘링 홀란, 킬리안 음바페, 손흥민, 모하메드 살라, 로베르트 레반도프스키 등과 함께 조별리그 베스트XI에 이름을 올리기도 했다. 이런 활약에 바이에른 뮌헨, 첼시, 인터밀란 등 유럽 빅클럽들이 본격적으로 하키미를 관찰하기 시작했다. 가장 적극적이었던 클럽은 인터밀란이었고, 결국 하키미는 도르트문트와 임대 계약이 종료되면서 인터밀란과 5년짜리 계약에 성공했다. 이적료는 4,500만 유로(약 650억 원)였다. 이탈리아 무대에서도 하키미는 빛났다. 백3 시스템의 라이트윙백에 고정된 하키미는 리그 37경기에서 7골 8도움을 기록해 팀의 스쿠데토 달성에 크게 기여했다. 인터밀란의 세리에A 제패는 11년 만이었다.

행복했던 이탈리아 생활은 클럽의 재정 위기에 의해 종료되었다. 이적 시장에 하키미가 나오자 첼시와 파리 생제르맹(PSG)이 치열한 쟁탈전을 벌였다. 최종 승자는 PSG였다. 계약 기간은 5년, 이적료는 무려 7,100만 유로(약 1,030억 원)에 달했다. 세계 최고 풀백으로 성장한 하키미의 가치는 눈에 띄게 상승했다. 활동 무대가 이탈리아에서 프랑스로 이동해도 하키미의 퍼포먼스는 유지되었다. 데뷔전부터 골을 터트리는 활약이 이어져 첫 시즌에만 리그 32경기 4골 6도움을 기록했다. PSG는 무난히 2021-22시즌 리그앙 타이틀 차지했다. UEFA챔피언스리그 성적이 관건이었다. 16강에서 하키미는 친정 레알을 상대하는 운명을 맞이했다. 홈에서 열린 1차전에서 하키미는 비니시우스 주니오르를 꽁꽁 묶어 팀의 1-0 승리에 지원했다. 2차전은 달랐다. 마르키뇨스, 돈나룸마 등 수비진이 치명적 실수를 저지르는 바람에 PSG는 1-3으로 패해 탈락하고 말았다.

2022-23시즌에는 더욱 매끄러운 모습을 보여 줬다. 킬리안 음바페와 좋은 호흡으로 하키미는 측면 공격을 주도했다. 그런데 경기장 밖에서 문제가 발생했다. 하키미가 성폭행 혐의로 조사를 받는다는 보도가 축구 팬들에게 큰 충격을 안겼다. 설상가상 이 소식에 충격을 받은 아내가 이혼을 요구해 결국 두 사람은 각자의 길을 가게 됐다. 재판 결과와 무관하게 부부 사이의 믿음이 이미 산산조각이 났던 것이다. 이혼 과정에서 하키미가 본인 소유의 재산 대부분을 모친 명의로 돌린 이유가 위자료를 아끼려는 의도가 아니냐는 의구심이 퍼졌다. 놀랍게도 시끄러운 개인지사는 하키미의 경기력에 이렇다 할 악영향을 끼치지 않았다. 시즌 종료 후, 국제축구선수협회(FIFPRO)가 선정하는 '월드 베스트 XI'에는 하키미의 이름이 포함되어 있었다. 현대 축구 전술에서 가장 중요하다고 할 수 있는 풀백 포지션에서 두각을 나타낸 하키미는 이적 시장이 열릴 때마다 맨체스터 유나이티드와 맨체스터 시티 등 빅클럽의 관심을 촉발했다.

루이스 엔리케 감독과 함께 새롭게 출발하는 PSG에서도 하키미는 핵심 선수로 활약할 예정이다. 개막전에서도 선발로 출전해 풀타임을 소화했다. 새로운 선수들이 대거 합류한 시즌 초반이라 팀 분위기는 어수선해도 하키미는 본인이 해야 할 일을 성실히 이행하고 있다. 엔리케 감독의 성공 시나리오에서도 하키미는 중요한 역할을 차지한다. 왼쪽과 오른쪽을 가리지 않고 풀백과 윙백 포지션에서 뛸 수 있고, 상황에 따라 윙어로도 활용할 수 있는 자원은 중용될 수밖에 없다. 이미 하키미는 PSG 내에서도 가장 중요한 선수 중 한 명으로 자리매김했다. 엄청난 체력과 스피드, 수비수이면서도 공격 재능을 가진 모로코의 보석 하키미가 새로운 시즌 PSG에서 어떤 모습을 보여 줄지 기대가 모아진다.

어디서든 헌신

뤼카 에르난데스

LUCAS HERNANDEZ

1996년 겨울 프랑스 마르세유에서 태어났다. 축구선수인 아버지 장 프랑수아 에르난데스의 영향을 받아 뤼카는 어릴 때부터 축구와 함께 살았다. 4세 때 스페인으로 이주해 자연스럽게 스페인 축구와 만났다. 부친의 축구 유전자는 뛰어났다. 훗날 형 뤼카와 동생 테오는 세계적 선수로 성장했다. 에르난데스는 스페인 중부 지역 라야 마자다혼다 유소년에서 축구를 시작했다. 이후 2007년(11세) 아틀레티코 마드리드 유소년에 합류했다. 꾸준히 성장한 에르난데스는 2013년 11월 비야레알전에서 처음으로 1군 명단에 포함됐다. 유소년 경기에서 보인 활약 덕분이었다. 1군에서 출전 기회는 드물었다. 소집 명단에 종종 이름을 올렸지만, 2013-14시즌 스페인 라리가에는 나서지 못했다.

1군 데뷔전은 2014년 3월 코파델레이 4라운드였다. 18세 소년 에르난데스는 3부 팀이었던 CE 로스피탈레전에서 센터백으로 선발 출전해 안정적인 모습으로 풀타임을 소화했다. 시메오네 감독은 이 모습을 보고 고개를 끄덕였다. 결국 며칠 뒤 열린 아틀레틱 클루브전에서 교체로 출전하며 라리가 데뷔를 신고했다. 시즌 출전 수는 4경기에 그쳤지만, 아틀레티코는 에르난데스의 잠재력에 확신을 가졌다. 다음 시즌부터 출전 시간은 조금씩 늘었다. 주전 센터백 디에고 고딘, 호세 히메네스가 부상으로 이탈한 공백을 에르난데스가 훌륭하게 메웠다. 레알 마드리드를 상대했던 2015-16시즌 UEFA챔피언스리그 결승전에서는 필리페 루이스와 교체돼 그라운드를 밟기도 했다. 결승전 패배는 아파도 젊은 에르난데스의 미래는 밝았다.

아틀레티코와 에르난데스는 2020년 6월까지 재계약을 체결했다. 2016-17시즌에는 24경기에 출전하며 팀의 백업 센터백 역할을 충실히 수행했다. 에르난데스는 레프트백으로도 출전했는데 아직 포지션에 완벽히 적응하지 못하는 모습이었다. 2017-18시즌부터 에르난데스는 주전 선수로 활약했다. 44경기에 출전했고, UEFA유로파리그 결승전에서 레프트백으로서 선발 풀타임을 소화했다. 결과는 3-0 승리였다. 에르난데스는 프로 데뷔 후 처음으로 유럽클럽대항전 우승 트로피를 들어 올렸다. 아틀레티코는 곧바로 에르난데스와 계약 기간을 2024년 6월까지 연장했다.

2018-19시즌은 이적설과 부상이 에르난데스를 흔들었다. 분데스리가 지배자 바이에른 뮌헨이 그를 원했다. 바이에른은 무려 8,000만 유로(약 1,160만 원)의 바이아웃 금액을 맞춰 에르난데스를 데려갔다. 분데스리가 및 바이에른의 이적료 신기록이었다. 바이에른은 합리적 소비로 유명하다. 그런 클럽의 거액 투자는 에르난데스의 시장 평가를 말해 줬다. 메디컬 테스트에서 오른쪽 무릎 안쪽 인대 손상이 발견되는 바람에 에르난데스는 수술대에 올라 아틀레티코 선수로서 남은 시즌을 모두 날릴 수밖에 없었다. 디에고 시메오네 감독은 에르난데스의 이적이 확정되자 "앙투안 그리즈만의 바르셀로나 이적보다 에르난데스 이적이 마음을 더 아프게 한다"며 상실감을 털어놨다.

바이에른에 합류한 에르난데스는 미국 프리시즌에 불참한 채 재활 치료에 집중했다. DFB-포칼 1라운드 에네르기 코트부스전에서 마침내 에르난데스는 경기 막판 교체로 투입되며 데뷔전을 치렀다. 처음에는 부상으로 이탈한 데이비드 알라바의 빈자리를 채워 레프트백으로 나섰고, 이후 센터백 포지션도 종종 소화했다. 에르난데스는 첫 시즌부터 UEFA챔피언스리그 우승 트로피를 들었다. 비록 경기에는 나서지 못했지만 시즌 전체 평가는 나쁘지 않았다. 에르난데스는 바이에른과 함께 화려한 우승 퍼레이드를 즐겼다. 2022-23시즌 분데스리가 3라운드 VfL 보훔전에서는 바이에른 100경기 출전을 기록하기도 했다. 2022년 카타르 월드컵에서 대회 초반 불의의 오른쪽 무릎 전방 십자인대 파열이라는 심각한 부상을 당했다. 다행히 부상에서 빠르게 회복해 재계약 전망까지 나와 바이에른 생활은 계속되는 것처럼 보였다.

갑자기 파리 생제르맹(PSG) 이적설이 나왔다. 에르난데스는 이적료 4,500만 유로(약 650억 원)로 바이에른을 떠나 PSG로 이적했다. 예상치 못한 이적에 바이에른 팬들은 크게 분노했다. 잦은 부상에도 바이에른은 에르난데스에 대한 신념으로 재계약까지 제안했는데, 선수가 이를 거절하고 팀을 떠났기 때문이다. 결과적으로 에르난데스의 PSG행은 한국 축구 팬들에게 뜻밖의 선물을 선사했다. 바이에른이 나폴리 우승 주역 김민재를 영입했기 때문이다.

에르난데스는 센터백과 레프트백을 모두 소화하는 자원이다. 수비력이 좋은 데다 속도와 민첩성을 갖춰 상대의 빠른 공격수들을 마크하는 데에 큰 도움이 된다. 전진 패스 능력도 좋아 공격 과정에서 빌드업 출발점 기능을 담당하기도 한다. 단점도 존재한다. 풀백 포지션에서 공격 전환 오버래핑은 다소 불안해 보인다. '터프'한 수비 스타일로 인한 부상 가능성이 상존한다. 물론 종합 점수가 매우 높은 수비수라는 사실에는 변함이 없다. 마르키뇨스, 하키미 등 기존 선수들과 호흡을 빨리 맞추는 부분이 중요하다. 제 기량만 발휘해도 에르난데스는 루이스 엔리케 감독 체제에서 핵심 선수로 활용될 수 있다.

20232024
PSG
WHO'S WHO

히어로 또는 빌런

킬리안 음바페

KYLIANMBAPPE

1998년생 킬리안 음바페는 리오넬 메시, 크리스티아누 호날두를 잇는 차세대 축구 대권 주자 중 하나다. 프랑스 파리에서 태어난 음바페는 카메룬 출신 축구선수 부친과 알제리 출신 핸드볼 선수 모친으로부터 뛰어난 재능을 물려받았다. 부친이 코치로 있던 AS본디에서 축구를 시작한 음바페는 어릴 적부터 다양한 클럽들의 관심을 받았다. 레알 마드리드, 바이에른 뮌헨, 첼시, 리버풀, 맨체스터 시티 등 빅클럽들이 그의 가능성을 일찌감치 확인하고 영입을 희망했다. 레알은 음바페를 초대해 훈련 참여 기회를 제공했고 우상이었던 크리스티아누 호날두와 만남도 주선해 줬다. 이에 질세라 첼시도 음바페를 초대해 찰턴 애슬레틱과 연습 경기 기회를 주며 선수 가족의 마음을 잡으려고 애썼다. 하지만 부모는 아들이 프랑스에서 커리어를 시작하길 원했다. 본격적인 음바페의 출발점은 2013년 여름 AS모나코 유소년 입단이었다.

음바페는 단연 돋보였다. 1군 데뷔 기회도 일찍 찾아왔다. 2015-16시즌 SM캉전에서 후반 43분 파비우 코엔트랑과 교체돼 프로 데뷔전을 치렀다. 출전 당시 나이가 고작 16세 347일이었다. 프랑스 레전드인 티에리 앙리가 21년 동안 보유했던 리그앙 최연소 출전 기록이 깨지는 순간이었다. 기록 행진은 계속됐다. 음바페는 트루아전 후반 추가 시간 득점을 터뜨려 또다시 티에리 앙리의 리그앙 최연소 득점 기록을 경신했다. 당시 나이는 17세 62일이었다. 음바페의 잠재력을 확인한 AS모나코는 3년 계약을 체결하며 첫 프로 계약을 맺었다. 이 선택은 훗날 AS모나코에 엄청난 수입을 안긴다. 음바페의 계약을 주도한 바딤 바실

리예프 부회장은 음바페가 경이로운 선수가 될 것을 이때부터 알고 있었다고 회상했다.

음바페는 2016-17시즌부터 본격적으로 출전하기 시작했다. 축구 천재에게는 적응이 따로 필요하지 않았다. 선발과 교체를 오가며 리그앙에서 골을 퍼붓기 시작했다. 날카로운 득점력을 갖춘 음바페는 메츠전에서 첫 해트트릭을 달성했다. UEFA챔피언스리그에서도 활약은 이어졌다. 거침없이 빅클럽들을 무너뜨렸다. 16강 1차전 맨체스터 시티전에서 환상적인 돌파로 득점을 기록했고, 2차전에서도 득점포를 터뜨리며 모나코의 8강 진출을 이끌었다. 8강에서는 보루시아 도르트문트를 만났다. 음바페는 1차전에서 폭발적 스피드로 2골을 터뜨렸고, 2차전에서도 득점포를 가동해 모나코를 13년 만에 4강에 올렸다. 준결승 상대는 유벤투스였다. 음바페는 1차전(0-0)에서 침묵했고, 2차전(1-2)에서 득점을 터뜨렸지만 승부의 여신은 결승 진출을 허락하지 않았다. UEFA챔피언스리그 준결승전 최연소 득점 신기록(18세 140일)을 경신했다는 것이 위안거리였다. 음바페는 시즌 44경기 26골 11도움이라는 엄청난 실적과 함께 리그앙 우승 트로피까지 안아 최고의 시기를 보냈다.

음바페의 폭발력을 확인한 유럽 빅클럽들이 본격적으로 나서기 시작했다. 아스널, 파리 생제르맹(PSG), 레알 등에서 스카우팅 네트워크가 가동된 가운데 최종 승자는 PSG였다. 이적료는 무려 1억 8,000만 유로(약 2,620억 원)였다. PSG는 유럽축구연맹(UEFA)의 '재정페어플레이(FFP)' 규정을 우회하려고 한 시즌 임대후 완전 영입 형태를 취했다. 음바페는 첫 시즌부터 파리의 왕으로 등극했다. 메츠전에서 선발로 출전해 1골 1도움을 기록해 데뷔 축포를 쐈다. 새로운 환경에서도 음바페는 별다른 적응 과정도 없이 프랑스와 유럽 무대에서 맹활약을 이어갔다. 〈프랑스풋볼〉이 주최하는 발롱도르 최종 후보 30인에 음바페의 이름이 올랐고, 최종 결과에서 일곱 번째로 많은 득표를 기록했다는 점에 이의를 제기하는 이는 없었다. 2018년 여름 음바페는 스무 살이 되기도 전에 FIFA월드컵 결승전에서 골을 터뜨려 세계 챔피언이 되었고, PSG 2년 차였던 2018-19시즌에는 리그 29경기 33골로 득점왕과 '올해의 선수'를 싹쓸이했다. 음바페 시대의 본격적 개막이었다.

프랑스에서 모든 걸 이룬 음바페는 새로운 도전을 원했다. 어린 시절의 꿈이었던 레알 이적설이 끊이지 않았다. 선수 본인도 굳이 부인하지 않았다. 2021-22시즌 종료가 다가오면서 현지 매체들은 음바페의 레알 이적을 당연시했다. 음바페의 소속팀 PSG의 생각은 달랐다. FIFA월드컵이 코앞으로 다가온 시점에서 카타르 정부는 세계 최고의 축구 자산이 레알 소속자로서 프랑스 국가대표팀을 이끄는 광경을 원하지 않았다. 2022년 5월 21일, PSG와 음바페는 2025년까지 계약 기간을 갱신하기로 했다고 공식 발표했다. 계약금 1억 파운드, 월급 4백만 파운드에 달하는 초대형 딜이었다. PSG 소속 선수로서 맞이한 2022-23시즌에서 음바페는 클럽 역대 최다 득점자에 등극했고, 시즌 도중 카타르에서 개최된 월드컵에서 결승전 해트트릭으로 기염을 토했다. 이적과 계약을 둘러싼 루머는 다양했지만, 한 가지 사실은 분명했다. 음바페는 예외적 선수라는 사실이다.

2023년 여름이 되었다. PSG와 음바페의 관계는 다시 롤러코스터 위에 올라탔다. 음바페 측은 1년 전 맺은 계약이 '2+1년'이었으며 연장 권리를 행사하지 않겠다고 공언했다. 2024년 자유계약 신분으로 파리를 떠나겠다는 선언이었다. 음바페를 2025년까지 확보했다고 믿었던 PSG는 발끈하고 나섰다. 카타르의 자

존심은 호락호락하지 않았다. 당장 선수 측에 "2023-24시즌에도 PSG에 뛰려면 7월 말일까지 선수 측은 추가 재계약에 서명해야 한다. 우리는 최고의 선수를 공짜로 보낼 생각이 추호도 없다"라고 맞받았다. 양측의 골은 시간이 갈수록 깊어졌다. PSG는 아시아 투어 명단에서 음바페를 제외했을 뿐 아니라 1군 훈련 참가까지 허락하지 않았다. 현지 매체에서는 "카타르 국왕이 화가 났다. 음바페가 말을 듣지 않으면 1년 동안 공식전에 출전하지 못할 수도 있다"라고 보도했다. PSG가 못 박은 재계약 기한은 보란 듯이 경과되었다. 결국 리그앙 개막전 엔트리에서 음바페의 이름은 누락되었고, 루이스 엔리케 감독은 데뷔전에서 로리앙의 밀집수비에 막혀 0-0 무승부에 그쳤다. 개막전 다음 날인 8월 13일 PSG는 '음바페가 1군 훈련에 합류했다'라고 공식 발표했다. 당장 헤어질 것 같았던 양자가 극적으로 합의한 결과였다. 심지어 프랑스 현지에서는 음바페의 재계약 가능성을 점치는 분위기가 형성되었다.

개막 2라운드에서 연속 무승부에 그친 루이스 엔리케 감독으로서는 찬밥 더운밥 가릴 상황이 아니었다. 현실적으로도 음바페의 출전 여부는 PSG의 경기 결과와 밀접한 관련이 있을 수밖에 없었다. 2라운드 툴루즈전에서 음바페는 시즌을 시작했다. 물론 골도 넣었다. 시계 제로였던 여름 이적 시장이 거의 마무리되자 PSG의 공격진은 음바페와 뎀벨레, 새로 영입한 곤칼루 하무스로 채워졌다.

신임 감독의 첫 시즌이 초래하는 시행착오의 폭을 최소화할 방법은 결국 에이스의 활약이었다. 음바페의 폭발적 속도와 마무리 능력은 2선에서 밀어주는 이강인, 우가르테, 비티냐 등이 있을 때 증폭될 수 있다. 음바페의 출전 여부는 PSG의 내용과 결과에 거대한 영향력을 행사한다. 국내 팬들로서는 이강인의 패스를 음바페가 해결하는 모양새를 기대할 수밖에 없다. 리오넬 메시와 네이마르가 떠났다. 음바페까지 사라지면 PSG는 버틸 재간이 없다. 최소한 올 시즌까지 PSG와 음바페는 함께 뛴다.

24세 236일
짜리 선수가 이룬 성취

프랑스 리그앙
LIGUE 1

우승 6회 *2016-17, 2017-18, 2018-19, 2019-20, 2021-22, 2022-23*
득점왕 5회 *2018-19, 2019-20, 2020-21, 2021-22, 2022-23*
올해의 선수 4회 *2018-19, 2020-21, 2021-22, 2022-23*
올해의 영플레이어 3회 *2016-17, 2017-18, 2018-19*

쿠프드프랑스
COUPE DE FRANCE

우승 2회 *2017-18, 2019-20*
결승 진출 총 4회

쿠프드라리그
COUPE DE LA LIGUE

우승 2회 *2017-18, 2019-20*
결승 진출 총 3회

UEFA챔피언스리그
UEFA CHAMPIONS LEAGUE

결승 진출 1회 *2019-20*

FIFA월드컵
FIFA WORLDCUP

우승 1회 *2018*
결승 진출 2회 *2018, 2022*
득점왕 1회 *2022*
통산 최다 득점 6위 12골 *1위는 미로슬라프 클로제(16골)*

UEFA네이션스리그
UEFA NATIONS LEAGUE

우승 1회 *2020-21*
득점왕 1회 *2020-21*

레지옹도뇌르 *프랑스 명예군단훈장
LÉGION D'HONNEUR

수상 1회 *2018*

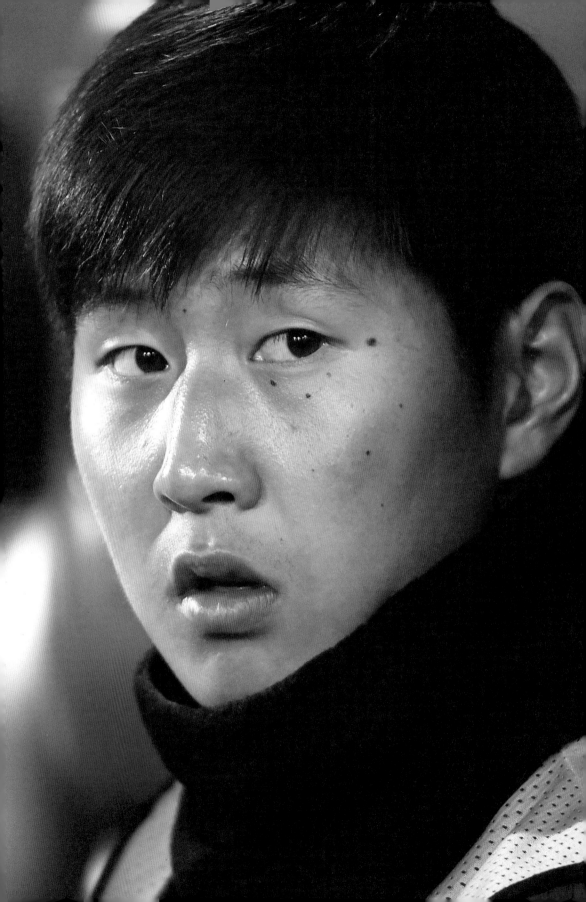

PSG
WHO'S WHO

라리가
영재 플레이메이커

이 강 인
KANGINLEE

2001년생 이강인은 대한민국 축구의 미래다. 차범근, 박지성, 손흥민 그리고 그다음 자리에 자신의 이름을 남길 유력한 선수가 바로 이강인 이다. 이강인은 예능 프로그램 '날아라 슛돌이' 3기에 출연해 축구 신동 으로 대중에게 이름을 알렸다. 이때 나이가 불과 일곱 살이었다. 다른 아이들과 차원이 다른 기량에 많은 사람이 감탄했다. 하지만 '슛돌이'가 커서 파르크 데 프랭스에서 뛸 것이라고 예견한 사람은 거의 없었을 것 이다.

인천 유나이티드 유소년에서 본격적으로 축구를 시작한 이강인은 더 수준 높은 축구 교육을 받기 위해 외국으로 눈을 돌렸다. 이강인은 풀 럼, 비야레알, 발렌시아 등 다양한 유럽 클럽들의 입단 테스트를 받았 다. 발렌시아는 재빨리 이강인의 비범함을 꿰뚫어 봤다. 9세 이강인은 그렇게 스페인 생활을 시작했다. 이강인은 다양한 축구 대회에서 도드 라진 활약으로 바르셀로나, 맨체스터 유나이티드 등 빅클럽의 관심을 받기도 했다. 결국 발렌시아는 2013년 이강인의 가족 생활비를 지원하 는 등 특별 대우를 약속하며 6년 계약을 체결했다. 이강인은 학업과 축 구를 병행하며 무럭무럭 성장했다.

2017년 이강인은 스페인 3부에 소속된 발렌시아B 메스타야에 부름을 받았다. 데포르티보 아라곤전에서 이강인은 후반 37분 교체로 경기장 을 밟아 16세 나이로 프로에 데뷔했다. 첫 시즌의 출전 기록은 11경기 1골 1도움이었다. 나이를 생각하면 인상적인 실적이었다. 프로 적응 속 도는 빨랐다. 2018-19시즌에 바르셀로나B를 상대했던 경기에서 이강

인은 환상적인 '탈압박' 플레이를 펼쳐 모든 이들을 놀라게 했다. 발렌시아는 이 강인의 성공을 확신해 4년에 달하는 재계약을 체결했다. 바이아웃 금액은 8,000만 유로(약 1,160억 원)였다. 이 계약과 함께 이강인은 발렌시아 1군에 합류했다. 프리시즌 친선전에서 이강인은 실전에 데뷔했다. 상대는 스위스 2부 로잔이었다. 이강인은 교체로 들어가 22분 동안 경기장을 누볐다. 짧은 시간이었지만 강력한 슛, 날카로운 패스 등 본인의 장점을 확실하게 보여 줬다. 며칠 뒤 바이어 레버쿠젠과 연습 경기에서는 멋진 헤더로 득점까지 터뜨렸다. 그러곤 코파델레이 32강 에브로전에서 그토록 기다렸던 정식 1군 데뷔전을 치렀다. 발렌시아 역대 최연소 외국인 선수 데뷔 기록이었다. 이날도 이강인은 날카로운 패스 능력을 뽐내며 자신이 프로 무대에서 뛸 준비가 됐다는 사실을 입증했다.

이강인은 꾸준한 출전을 원했다. 2018-19시즌에 총 11경기, 2019-20시즌에 24경기에 출전했다. 2020-21시즌에도 27경기밖에 뛰지 못했다. 경기에서 나설 때마다 이강인은 경기력을 증명했지만, 클럽 측은 어린 한국인 재능에게 충분한 기회를 주지 않았다. 선발보다 교체가 많았고, 선발로 나서도 후반 초반 교체되기 일쑤였다. 이강인이 고개를 숙인 채 벤치에서 답답함을 토로하는 모습도 연출되었다. 클럽과 선수 측은 출전 시간을 두고 갈등이 심해졌다. 결국 이적설이 등장했다. 울버햄턴 원더러스, 유벤투스, 뉴캐슬 유나이티드 등 다양한 이름이 거론되었다. 때마침 발렌시아는 새로 영입하는 마르쿠스 안드레의 비유럽 쿼터 확보를 위해 이강인을 처분하기로 했다. 결국 이강인은 발렌시아와 계약을 해지했고, 자유계약 신분으로 레알 마요르카로 이적했다. 10년을 함께했던 최고 재능을 하루아침에 내친 발렌시아는 팬들로부터 큰 비판을 받았다.

마요르카 이적은 이강인에게 신의 한 수가 됐다. 프로 데뷔 후 처음 주전으로 뛰면서 발전 속도가 빨라졌다. 이강인은 마요르카 유니폼을 입고 한 단계 성장했다. 그동안 활동량, 수비 가담 능력, 속도 등 단점으로 지적되었던 부분들도 마요르카에서 해소되었다. 쉴 새 없이 움직이며 수비에도 열심히 가담했고, 느려 보이는 움직임도 사라졌다. 이강인은 엄청난 노력으로 자신의 단점을 극복했다. 친정 발렌시아를 마주했던 경기에서는 날카로운 패스로 도움을 기록해 복수 아닌 복수에도 성공했다. '반짝 활약'이 아니었다. 2022-23시즌은 프로 데뷔 이후 최고의 시간이 되었다. 장신 골잡이 베다트 무리키와 '핀포인트 크로스'를 갖춘 이강인의 조합은 완벽한 시너지 효과를 발휘했다. 이강인은 시즌 6골 6도움으로 커리어하이를 찍었다. 시즌 도중 개최되었던 2022년 카타르 월드컵에서도 이강인은 도움을 올리는 등 강렬한 인상을 남겼다.

빅클럽들은 이런 재능을 놓치지 않았다. 애스턴 빌라, 뉴캐슬 유나이티드, 울버햄턴 원더러스, 아틀레티코 마드리드 등 다양한 구단들이 이강인을 원했다. 이때 가장 적극적으로 나선 팀이 파리 생제르맹(PSG)이었다. 유력해 보였던 아틀레티코 이적이 무산되자 국내에서는 이강인을 둘러싼 평가 논란이 일었다. 의구심이 끼어들 여지는 없었다. 유럽 현지에서 PSG와 마요르카가 이미 이강인의 이적에 합의했다는 소식이 타전되었다. 6월 A매치 기간 내내 국내 취재진은 이강인에게 직접 PSG 이적설의 진실 여부를 물었다. 이강인은 공동취재구역에서 "이번 한 번만 봐주세요."라면서 답변을 회피했다. A매치 기간이 끝나고 며칠 뒤 PSG의 공식 채널을 통해 'BBRBB' 유니폼을 입은 이강인이 등장했다. 이적료는 2,200만 유로(약 320억 원), 5년 계약 조건이었다. 국내 팬들은 파리 선수 이강인을 보기까지 오래 기다릴 필요가 없었다. 아시아 투어의 일환으로 PSG는 부산에서 전북 현대와 친선전을 가졌고, 이강인은 허벅지 부상에서 회복해 국내 팬 앞에서 첫선을 보였다.

루이스 엔리케 감독 체제에서 이강인은 일단 최전방 날개 포지션으로 출전하기 시작했다. 현지 언론에서는 킬리안 음바페의 재합류로 인해 이강인이 2선 미드필더로 활용될 가능성을 제기했다. 지금까지 이강인이 걸어왔던 길을 보더라도 한발 물러난 위치가 본인에게 도움이 될 것으로 보인다. 리그 우승을 노리는 PSG는 마요르카와 달리 상대의 집중 수비를 뚫는 능동적 축구를 해야 한다. 수비를 단단히 하다가 역습을 노렸던 마요르카 시절 전술의 대척점이라고 할 수 있다. 기술이 뛰어나고 정확한 패스 능력을 갖춘 이강인은 측면 공격수보다 빠른 동료들을 활용해 공격을 풀어 가는 플레이메이커 역할에 더 어울린다. 엔리케 감독과 루이스 캄포스 단장 모두 이강인에 대한 믿음이 크다. 클럽의 정책 자체가 '갈락티코'에서 미래형 스쿼드를 구축하는 방향으로 선회한 만큼 이강인의 활용도는 높을 것으로 보인다.

KANG-IN LEE

기분 좋은 상상

'슛돌이' 영상은 정겹다.
꼬마들끼리 아장아장 뛰다가 부딪혀 넘어지고 선생님들과 엉뚱한 대화를 나누는 장면들이 하나같이 미소를 부른다.
개구쟁이들 중 누군가가 UEFA챔피언스리그, FIFA월드컵, AFC아시안컵 무대에 설 것이라는 기대는
그야말로 순수하고 낭만적이다. 실제로 그런 일이 이루어지면 짜릿하고.

2010년대 국내 축구계에서는 스페인 축구가 대세였다. 라로하(La Roja; 스페인 국가대표팀 애칭)가 월드컵과 유로를 싹쓸이했고, 바르셀로나가 세계 최강 클럽으로 득세한 시절이었다. 일상 대화에서도 '티키타카'라는 표현을 쉽게 들을 수 있었다. 국내 축구 팬들에겐 스페인 축구 열풍의 근사한 이유가 있었다. 바르셀로나와 발렌시아 산하 유소년에서 원대한 꿈을 꾸는 한국인 소년들이었다. 시간이 흐르면서 유럽 축구는 차가운 현실을 까발렸다. 바르셀로나 3인은 모두 1군 진입의 벽을 넘지 못했다. 새롭게 둥지를 튼 곳에서도 정착하지 못했다. 현지 사정에 밝지 않은 라이트팬 위주의 국내 여론은 크게 낙담했다. 우울한 분위기는 이강인을 바라보는 시선에도 영향을 끼쳤다. 비관론이 고개를 조금씩 들었다. 이강인은 보란 듯이 의구심에 발렌시아 메스타야(B팀) 경기 출전으로 대답했다. 반년 뒤에는 1군 공식 엔트리에 합류했다. 발렌시아에서 전해지는 소식과 팬들의 기대감은 설레발이 아니었다.

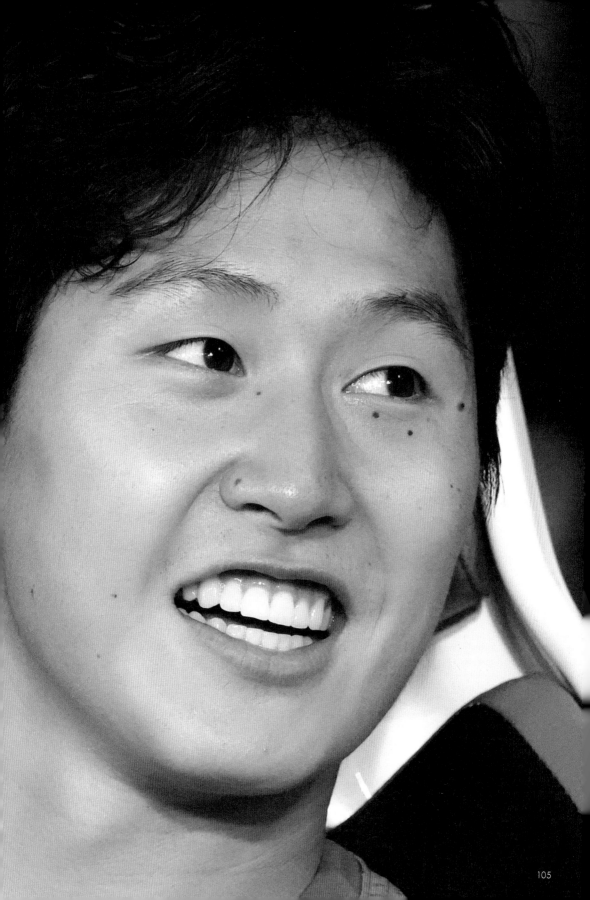

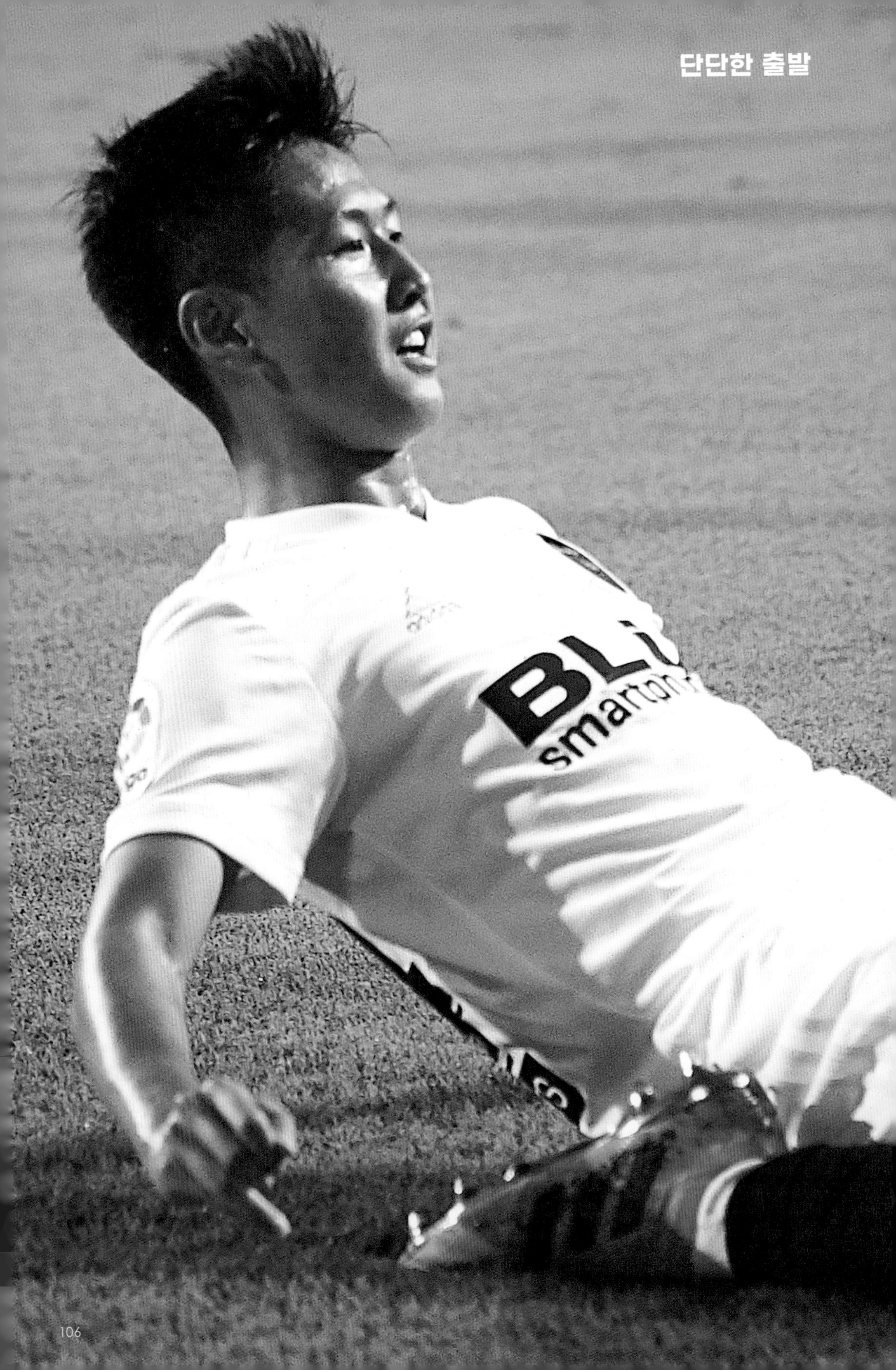
BL
smart

2018-19시즌 마르셀리노 감독은 17세 이강인을 컵대회에서 선발로 기용했다. 2018년 10월 30일 이강인은 코파델레이 32강 1차전에서 세군다디비시온B(3부)의 CD 에브로를 상대로 발렌시아 1군 데뷔를 신고했다. 17세 253일은 발렌시아 역대 최연소 외국인 출전 신기록이었다. 치열한 유소년 경쟁을 함께 이겨 낸 페란 토레스도 함께였다. 경기가 중반을 넘긴 56분 이강인이 아크 왼쪽에서 왼발로 때린 슛이 상대 왼쪽 골포스트의 바깥쪽을 맞고 튕겨 나갔다. 발렌시아는 선제골 허용에도 산티 미나의 2골로 승부를 뒤집으며 경기를 마무리했다. 경기가 2-1 승리로 마무리되자 발렌시아 현지는 미래 찬가로 가득했다.

에브로전은 이강인에게 큰 의미로 다가왔다. 이때부터 12개월은 이강인이 프로 축구선수로서 본격적인 달리기 시작하는 출발대가 되었다. 1군 데뷔로부터 두 달 뒤, 이강인은 바야돌리드를 상대로 라리가에 데뷔했다. 17세 327일은 클럽 역대 최연소 라리가 출전 신기록이었다. 2019년 1월 말, 발렌시아와 이강인은 1군 계약을 체결했다. 1군 계약자는 메스타야(B팀) 경기 출전이 불가능하다. 이강인이 클럽 내 최상위 팀에서만 출전한다는 뜻이었다. 3주 후에는 UEFA유로파리그 데뷔가 뒤따랐다. 코파델레이에서만 이강인은 여섯 경기에 출전해 팀의 4강 진출에 공헌했다. 결과적으로 발렌시아는 결승전에서 바르셀로나를 제치고 우승을 차지했다. 그런데 정작 이강인은 준결승과 결승에 출전하지 못했다. 5월부터 폴란드에서 개최된 FIFA U20월드컵에 차출되었기 때문이었다. 발렌시아 우승 자축연에서 현지 팬들은 마르셀리노 감독을 향해 "이강인을 기용하라!"라는 구호를 외쳤다. 17세 이강인이 뛰는 모습을 더 자주 보고 싶다는 팬들의 마음은 고국이나 발렌시아나 마찬가지였다.

결과적으로 FIFA U20월드컵은 가장 빛나는 출발대가 되었다. 대한민국 U20국가대표팀(정정용 감독)의 대회 첫 경기는 공교롭게 코파델레이 결승전과 같은 날 열렸다. 막내 이강인은 기본 4-2-3-1 시스템에서 왼쪽 날개로 선발 출전했지만, 강호 포르투갈의 노련한 경기 운영에 밀린 한국은 0-1로 패했다. 이강인과 동료들의 호흡이 맞기 시작하자 팀 경기력은 빠르게 상승했다. 한국은 F조 2차전에서 남아공, 3차전에서 아르헨티나를 연달아 격파해 토너먼트 단계에 합류했다. 아르헨티나전에서 선보인 이강인의 핀포인트 크로스는 가히 일품이었다. 16강에서 일본을 1-0으로 제친 한국은 8강 세네갈전에서 희대의 3-3 명승부를 연출한 끝에 승부차기 승리를 일궜다. 이 경기에서 이강인은 1골 2도움으로 팀의 3득점에 모두 관여했고, 준결승전에서 결승골 도움(1-0 에콰도르), 결승전 선제골(1-3 우크라이나)까지 토너먼트 3경기 연속 공격 포인트를 기록하는 압도적 기량을 과시했다. 한국은 아쉽게 준우승에 그쳤지만, 대회 주최 측이 선정한 골든볼(최우수선수)은 이강인에게 돌아갔다.

성장통과 도약

FIFA U20월드컵에서 이강인은 은메달과 골든볼을 쟁취했다. 대한민국 대중은 찬란하게 성장해 준 숫돌이에게 아낌없는 찬사와 갈채를 보냈다. 그런 상태로 출발한 2019-20시즌은 당연히 모든 일이 잘 풀려야 했다. 세상은 만만하지 않았다. 클럽의 어지러운 현실을 말해 주듯이 발렌시아는 시즌 개막 직후 마르셀리노 감독을 알베르트 셀라데스로 교체했다.

새 감독 체제에서 이강인은 UEFA챔피언스리그에 데뷔했고, 2019년 9월 25일 라리가 6라운드 헤타페전에서 1군 데뷔골까지 신고했다. 18세 219일은 역시 클럽 역대 최연소 외국인 득점 신기록이었다. 이제부터 잘될 것 같았다. 현실은 달랐다. 10월 19일 아틀레티코 마드리드 원정에서 이강인은 후반 중반에 교체 투입되었다가 13분 만에 경솔한 백태클로 일발 퇴장을 당했다. 막판 역전승을 기대해도 좋을 만큼 솟구쳤던 팀 경기력에 찬물을 끼얹는 실수였다. 셀라데스 감독은 이강인을 칭찬하면서도 아직 주전으로 기용할 생각은 없어 보였다.

해가 바뀌자 코로나19 팬데믹으로 시즌이 중단됐고, 이강인도 바이러스 공격을 막아 내지 못했다. 3개월 만에 재개된 라리가에서 이강인은 또 엉뚱한 반칙으로 시즌 두 번째 퇴장을 당했다. 이번에도 76분에 들어가 13분 만에 일발 퇴장이었다. 1-3으로 뒤지는 상황에서 이강인은 세르히오 라모스를 뒤에서 세 번이나 연달아 걷어차는 기행을 연출했다. 시즌이 끝나고 다시 감독이 바뀌었다. 하비 가르시아 신임 감독은 그나마 이강인에게 출전 기회를 선사했다. 2020-21시즌 이강인은 프로 데뷔 3년 만에 처음으로 1,000분대 출전 시간을 기록할 수 있었다.

결과적으로 이강인에게는 클럽 복이 없었다. 성인 무대에 서자마자 발렌시아는 내부에서 자승자박 퍼레이드를 펼쳤다. 구단주 피터 림 회장은 이해할 수 없는 의사 결정으로 혼란을 자초했다. 이강인의 기용 여부를 놓고 수뇌진에서 연신 의견 충돌이 발생했다. 실전 경험을 쌓게 해 달라는 선수 측의 요청은 수용되지 않았다. 경기 출전을 향한 이강인의 열망은 결국 어린 시절부터 함께했던 에스타디오 데 메스타야를 떠나고서야 충족될 수 있었다. 2021년 8월 30일 이강인은 지중해 앞바다를 260km 가로질러 마요르카 섬으로 날아갔다. 4년 계약으로 옮겨 간 새로운 거처는 레알 마요르카였다.

마요르카에서도 이강인의 커리어는 꼬이는 것처럼 보였다. 첫 시즌이었던 2021-22시즌 루이스 가르시아 감독은 시즌 개막 후 합류한 이강인을 2선 중앙 미드필더로 기용했다. 라리가 6라운드에서 이강인은 첫 선발 출전을 기록했다. 한일 양국의 2001년생 미드필더들이 마요르카의 2선 공격 빌드업을 담당하는 시스템이었다. 0-2로 뒤진 상황에서 이강인은 빠른 드리블로 중앙 영역에 진입한 직후 날카로운 왼발 슛으로 세계 최고 골키퍼 티보 쿠르트아를 허물었다. 1-6 대패에도 불구하고 이날 마요르카에서의 데뷔골은 워낙 강렬한 인상을 남겨 이강인에게 향후 선발 출전을 약속해 줬다.

문제는 팀 경기력이었다. 마요르카는 좀처럼 이기지 못했다. 루이스 가르시아 감독은 여러 가지 포메이션과 선수 기용으로 난국을 타개하려고 애썼다. 시즌이 중반으로 넘어가면서 이강인은 중앙에서 측면으로, 선발에서 교체(주로 쿠보 다케후사를 대신해 후반전 투입)로 이동하면서 팀 내 비중이 줄었다. 마요르카의 성적 부진이 이강인의 책임은 아니더라도 공격을 풀어

줘야 할 선수에게는 변명의 여지가 적은 것도 사실이었다. 팀은 성적 부진을 만회하려고 1월 이적 시장에서 라치오의 장신 스트라이커 무리키를 영입했다. 효과는 없었다. 2월과 3월에 걸쳐 마요르카는 라리가 6연패 수렁에 빠졌다.

2022년 3월 22일 클럽 수뇌부는 승격 감독 루이스 가르시아를 해임했다. 이틀 뒤 멕시코 출신인 베테랑 지도자 하비에르 아기레가 에스타디 마요르카 손 모시(Estadio Mallorca Son Moix)에 입성했다. 극약 처방에도 마요르카의 운명은 크게 나아지지 않았다. 1부 잔류의 가능성은 시즌 마지막 두 경기의 승리에 대롱대롱 걸렸다. 무조건 두 경기를 모두 잡아야 했다. 아기레 감독의 동기부여가 선수들에게 효과적으로 전달되었던 모양이다. 마요르카는 라리가 37라운드에서 라요 바예카노를 2-1로 잡았고, 오사수나 원정으로 치러진 최종전에서도 1-0으로 승리했다. 막판 2경기에서 승점 6점을 보탠 마요르카는 승점 1점 차이로 강등권 탈출에 성공했다. 이강인은 선발 15경기, 교체 투입 15경기로 출전 시간은 프로 데뷔 이후 가장 많은 1,411분을 기록했다.

마요르카에 왔을 때 이강인을 보면서 '한 걸음 더 나아가야 한다'고 말했던 기억이 난다.
이강인은 그걸 해냈다.

하비에르 아기레 마요르카 감독

쿠보의 임대 종료는 이강인에게 큰 선물이었다. 간신히 1부에 잔류한 아기레 감독은 2022-23시즌을 극단적 실리주의 원칙하에 준비했다. 경기 내내 최대한 낮은 위치에서 수비 블록을 쌓아 상대 공격에 버티다가 역습이나 세트피스 득점을 노리는 '약체 맞춤형 전술'이 새로 도입되었다. 스스로 공격 기회를 제한하는 아기레 감독의 전술에서 이강인의 능력은 필수불가결이 되었다. 빠른 상황판단, 정확한 롱패스와 크로스, 프리킥과 코너킥 처리는 모두 이강인의 장점이었다.

붙박이 주전으로 시즌을 시작한 이강인은 아기레 감독의 전술 지시를 완벽하게 수행했다. 상대 공격을 끊어 낸 직후 마요르카는 빠르게 공격으로 전환할 뿐 아니라 상대 진영에서도 심플한 콤비네이션으로 효율적인 공격 빌드업을 추구했다. 이강인은 2~5 라운드에서 4경기 연속 공격 포인트(1골 3도움)로 감독의 기대에 부응했다. 손발이 맞아떨어지기 시작한 시즌 중반 마요르카는 11라운드부터 4경기에 3승 1무를 거두며 10위권까지 꿈꿀 수 있는 상승세를 탔다. 특히 2022년 카타르 월드컵 휴지기 전 마지막 경기에서 거함 아틀레티코 마드리드를 1-0으로 꺾는 파란을 일으켰다.

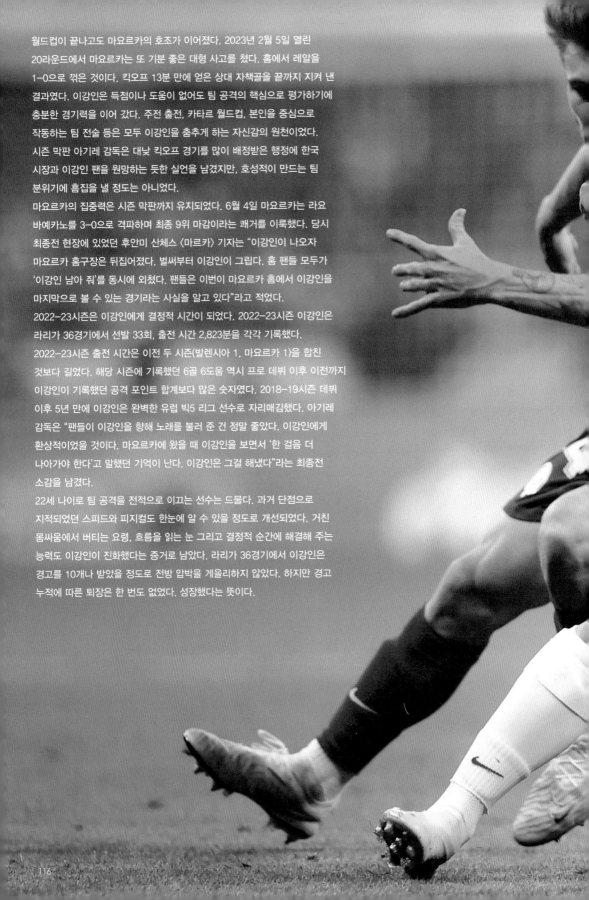

월드컵이 끝나고도 마요르카의 호조가 이어졌다. 2023년 2월 5일 열린
20라운드에서 마요르카는 또 기분 좋은 대형 사고를 쳤다. 홈에서 레알을
1-0으로 꺾은 것이다. 킥오프 13분 만에 얻은 상대 자책골을 끝까지 지켜 낸
결과였다. 이강인은 득점이나 도움이 없어도 팀 공격의 핵심으로 평가하기에
충분한 경기력을 이어 갔다. 주전 출전, 카타르 월드컵, 본인을 중심으로
작동하는 팀 전술 등은 모두 이강인을 춤추게 하는 자신감의 원천이었다.
시즌 막판 아기레 감독은 대낮 킥오프 경기를 많이 배정받은 행정에 한국
시장과 이강인 팬을 원망하는 듯한 실언을 남겼지만, 호성적이 만드는 팀
분위기에 흠집을 낼 정도는 아니었다.

마요르카의 집중력은 시즌 막판까지 유지되었다. 6월 4일 마요르카는 라요
바예카노를 3-0으로 격파하며 최종 9위 마감이라는 쾌거를 이룩했다. 당시
최종전 현장에 있었던 후안미 산체스 〈마르카〉 기자는 "이강인이 나오자
마요르카 홈구장은 뒤집어졌다. 벌써부터 이강인이 그립다. 홈 팬들 모두가
'이강인 남아 줘'를 동시에 외쳤다. 팬들은 이번이 마요르카 홈에서 이강인을
마지막으로 볼 수 있는 경기라는 사실을 알고 있다"라고 적었다.

2022-23시즌은 이강인에게 결정적 시간이 되었다. 2022-23시즌 이강인은
라리가 36경기에서 선발 33회, 출전 시간 2,823분을 각각 기록했다.
2022-23시즌 출전 시간은 이전 두 시즌(발렌시아 1, 마요르카 1)을 합친
것보다 길었다. 해당 시즌에 기록했던 6골 6도움 역시 프로 데뷔 이후 이전까지
이강인이 기록했던 공격 포인트 합계보다 많은 숫자였다. 2018-19시즌 데뷔
이후 5년 만에 이강인은 완벽한 유럽 빅5 리그 선수로 자리매김했다. 아기레
감독은 "팬들이 이강인을 향해 노래를 불러 준 건 정말 좋았다. 이강인에게
환상적이었을 것이다. 마요르카에 왔을 때 이강인을 보면서 '한 걸음 더
나아가야 한다'고 말했던 기억이 난다. 이강인은 그걸 해냈다"라는 최종전
소감을 남겼다.

22세 나이로 팀 공격을 전적으로 이끄는 선수는 드물다. 과거 단점으로
지적되었던 스피드와 피지컬도 한눈에 알 수 있을 정도로 개선되었다. 거친
몸싸움에서 버티는 요령, 흐름을 읽는 눈 그리고 결정적 순간에 해결해 주는
능력도 이강인이 진화했다는 증거로 남았다. 라리가 36경기에서 이강인은
경고를 10개나 받았을 정도로 전방 압박을 게을리하지 않았다. 하지만 경고
누적에 따른 퇴장은 한 번도 없었다. 성장했다는 뜻이다.

2023년 여름 이강인은 파리 생제르맹으로 이적했다. 라리가를
누구보다 잘 아는 루이스 엔리케 감독의 선택이었다. 리오넬
메시, 네이마르, 킬리안 음바페가 발산하는 광채에 비해서
이강인의 이름값은 수수할지 모른다. 한국인 팬들이 샹젤리제와
파르크 데 프랭스 클럽 숍에 몰려가 자국 스타의 유니폼을
쓸어 담는 현상은 이강인의 팀 내 입지 다지기에 긍정적으로
작용할 것이다.

미래라는 키워드는 이강인의 조국 대한민국에서도 동일하게
적용된다. 국내 팬들에게 '국가대표 이강인'의 이미지는 2019년
FIFA U20월드컵 준우승으로 만들어졌다. 박지성, 손흥민,
이강인으로 이어지는 한국 축구 에이스의 세대 간격은 대략
10년으로 계산할 수 있다. 2011년 AFC아시안컵은 박지성의
마지막과 손흥민의 출발이 겹치는 지점이었다. 2022년 카타르
월드컵은 이강인의 실질적 국가대표 출발선이다. 동시에
손흥민의 마지막 월드컵 출전이 될 가능성이 크다. 2026년
북중미 월드컵에서 손흥민은 34세 생일을 맞이한다. 현실적으로
손흥민의 대표팀 리더십은 2024년 1월 AFC아시안컵에서
유종의 미를 거둘 확률이 높다. 앞으로 한국 축구의 10년이
이강인의 두 어깨 위에 올라타는 수순이라고 보는 것이
합리적이다.

이강인은 특별한 재능이다. 축구의 기초부터 스페인에서 배웠다.
2011년 처음 발렌시아에 갔을 때, 이강인은 "그곳 아이들은
폼도 이상하고 패스도 못하는 것처럼 보였는데, 막상 경기에
들어가니까 템포가 빠르고 압박하는 요령이 좋아서 깜짝 놀랐다"
고 회상했다. 국내 환경에서는 익히기 어려운 방향의 축구
스타일이 이강인에게 이식되었다는 뜻이다. 대표팀 레벨에서
이강인의 장점을 극대화하는 플레이 스타일을 찾아낸다면,
국제무대에서 한국 축구는 한 단계 올라설 수도 있다.

현대 축구에서 가장 중요한 영역인 하프스페이스는 이강인의
본거지와 같다. 이강인의 모든 플레이가 시작되는 영역이 바로
측면과 하프스페이스이기 때문이다. 중앙과 측면을 동시에
활용할 수 있는 포지셔닝 센스, 그곳에서 상대 압박에 버티는
요령 혹은 뚫어 내는 드리블 능력, 본인의 본능적 판단을 실행에
옮길 수 있는 볼 컨트롤은 이강인이 붉은 유니폼을 입고 나서는
경기에서도 팀 전체를 전진하게 할 수 있다. 향후 메이저
대회는 2023년 AFC아시안컵(카타르), 2026년 북중미월드컵,
2027년 AFC아시안컵(사우디아라비아), 2030년 FIFA월드컵
(개최국 미정), 2031년 AFC아시안컵(개최국 미정), 2034년 FIFA
월드컵(개최국 미정)의 순서로 예정되어 있다.

지금 나열한 모든 대회에 나서도 이강인의 나이는 33세다.
'숏돌이'가 어디까지 올라갈지, 얼마나 성장할지, 유럽 축구
신에서는 또 어떤 성취를 이룰지, 모든 것이 그저 상상만 해도
흐뭇해진다.

체력도 뛰어나고,
보는 즐거움을 주는 선수다.
중앙과 측면을 가리지 않고
다양한 포지션을 맡을 수 있다.

루이스 엔리케 파리 생제르맹 감독

샹젤리제에서 PSG 매장은 항상 만원이다.
이강인의 유니폼은 핫케이크처럼 잘 팔린다.
판매량에서 음바페와 네이마르에 앞선다.

세바스티앙 바젤스 PSG 제너럴 매니저

LEE KANG IN

IN NUMBERS

시즌	팀	리그	경기	출전시간(분)
2017-18	발렌시아B	세군다B(3부)	11	338
2018-19	발렌시아	라리가	14	771
	발렌시아B	세군다B(3부)	15	1,110
2019-20	발렌시아	라리가	24	694
2020-21	발렌시아	라리가	27	1,431
2021-22	레알 마요르카	라리가	34	1,544
2022-23	레알 마요르카	라리가	39	3,082
2023-24	파리 생제르맹	리그앙	?	?

득점 도움 경고 퇴장

1   -   2   -
-    -   -   -
3   2   4   -
2   -   2   -
1   4   1   -
1   3   2   1
6   7   11   -
?   ?   ?   ?

LEE
KANG
IN

IN KOREA

이강인 *IN KOREA*

일자	경기	종류	장소	출전시간(분)	독점	도움
2019.3.22	대한민국 1 : 0 볼리비아	평가전	울산		-	-
2019.3.26	2 : 1 콜롬비아	평가전	서울		-	-
2019.9.5	2 : 2 조지아	평가전	이스탄불	71 ●	-	-
2019.9.10	2 : 0 투르크메니스탄	WC아시아2차	아슈가바트		-	-
2019.10.10	8 : 0 스리랑카	WC아시아2차	화성	90 ●	-	1
2019.10.15	0 : 0 북한	WC아시아2차	평양		-	-
2019.11.14	0 : 0 레바논	WC아시아2차	베이루트	10 ○	-	-
2019.11.19	0 : 3 브라질	평가전	아부다비		-	-
2020.11.14	2 : 3 멕시코	평가전	오스트리아	16 ○	-	-
2020.11.17	2 : 1 카타르	평가전	오스트리아	14 ○	-	-
2021.3.25	0 : 3 일본	평가전	요코하마	45 ●	-	-
2022.9.23	2 : 2 코스타리카	평가전	고양			
2022.9.27	1 : 0 카메룬	평가전	서울	-	-	-
2022.11.24	0 : 0 우루과이	WC조1차전	알라얀	15 ○	-	-
2022.11.28	2 : 3 가나	WC조2차전	알라얀	33 ○	-	1
2022.12.2	2 : 1 포르투갈	WC조3차전	알라얀	●	-	-
2022.12.5	1 : 4 브라질	WC16강	도하	○	-	-
2023.3.24	2 : 2 콜롬비아	평가전	울산	●	-	-
2023.3.28	1 : 2 우루과이	평가전	서울	90 ●	-	-
2023.6.16	0 : 1 페루	평가전	부산	90 ●	-	-
2023.6.20	1 : 1 엘살바도르	평가전	대전	90 ●	-	-

BUM-KUN CHA

차범근

대한민국	1972-1986	A매치 136경기 58골	FIFA월드컵 1회 출전 1986
			AFC아시안컵 1회 출전 1972
유럽	1978-1989	372경기 121골	UEFA컵 우승 2회 1980, 1988

JI-SUNG PARK

박지성

대한민국	2000-2011	A매치 100경기 13골	FIFA월드컵 3회 출전 2002, 2006, 2010 3골
			AFC아시안컵 2회 출전 2004, 2011
유럽	2003-2014	350경기 46골	UEFA챔피언스리그 우승 2008
			프리미어리그 우승 4회 2007, 2008, 2009, 2011
			에레디비시에 우승 2회 2003, 2005

HEUNG-MIN SON

손흥민

대한민국	2010-	A매치 111경기 37골	FIFA월드컵 3회 출전 2014, 2018, 2022 3골
			AFC아시안컵 3회 출전 2011, 2015, 2019 4골
유럽	2010-	539경기 194골	-

KANG-IN LEE

이강인

대한민국	2019-	A매치 14경기	FIFA월드컵 1회 출전 2022
유럽	2017-	프로 163경기 14골	-

*2023년 8월 20일 기준

메찰라
이강인

'미드필더'를 의미하는 이탈리아 축구 용어 '메찰라Mezzala'는 현대 축구에서 공격에 관한 부가적 의미를 습득했다. 공격적으로 진화한 '8번 미드필더'라는 설명이 가장 이해하기가 쉽다. 메찰라의 기본 위치는 수비형 미드필더와 최전방 라인의 중간 지점이다. 하프라인을 넘어간 시점부터 상대의 수비 블록을 드리블, 스루패스, 크로스 등으로 깨트리는 플레이가 메찰라의 주된 임무라고 할 수 있다.

메찰라는 다양한 능력을 갖춰야 한다. 항상 상대의 압박을 받거나 촘촘한 수비 블록을 상대해야 하므로 메찰라는 찰나의 순간에 빠르게 최적 옵션을 선택하는 상황판단 능력이 필수적이다. 그런 판단을 즉각적으로 실행하는 볼터치와 패스 능력도 기본 요소 중 하나다. 여기까지는 전통적 개념의 플레이메이커와 비슷하다. 하지만 앞서 언급한 것처럼 메찰라의 출발점은 8번 미드필더다. 볼 소유권을 잃은 상황에서 상대를 압박하거나 빠르게 수비로 복귀해 수적 열세를 방지하는 체력도 중요하다. 현재 가장 대표적 메찰라는 맨체스터 시티의 케빈 더브라위너다. 포메이션에 따라서 더브라위너는 로드리의 앞 또는 최전방에서 엘링 홀란의 옆에 서지만, 기본적인 움직임과 담당 영역은 전형적인 메찰라라고 할 수 있다. 레알 마드리드와 파리 생제르맹PSG에서 활약했던 앙헬 디마리아는 드리블 침투와 파이널패스에 특화된 메찰라로 분류된다.

레알 마요르카에서 이강인이 담당했던 역할도 메찰라였다. 스타팅포지션은 측면이었지만, 경기 중에서 이강인은 항상 메찰라 기능을 수행했다. 왼쪽 하프스페이스에서 볼을 잡아 대각선 방향으로 직접 침투하거나 파이널서드 안에 있는 동료에게 '핀포인트' 패스를 보내는 플레이가 주를 이뤘다. 대한민국 국가대표팀에서도 이강인은 메찰라 역할을 수행한다. 2023년 6월 부산과 대전에서 치러졌던 평가전(vs 페루, 엘살바도르)에서 한국의 공격 빌드업은 이강인을 경유해 파이널서드로 진입하는 시도가 자주 반복되었다.

2023-24시즌 리그앙 2라운드 툴루즈전에서 PSG의 루이스 엔리케 감독은 이강인을 왼쪽 윙어로 기용했다. 전형적인 메찰라 역할을 수행한 선수는 비티냐였고, 이강인의 뒤에 있던 파비안 루이스는 박스투박스 미드필더 역할을 수행했다. 아쉽게도 이강인과 파비안 루이스는 서로 움직임과 특장점을 아직 파악하지 못한 듯이 유기적 움직임을 보여 주지 못했다. 프랑스 현지에서도 이강인의 포지션을 1선에서 2선으로 내려야 한다는 의견이 제시되었다. 앞으로 루이스 엔리케 감독이 이강인에게 어떤 역할을 주문할지는 미지수다. 비티냐가 있는 상황에서 이강인이 2선으로 들어가면 메찰라가 두 명이나 되는 격이라서 중원에서 상대에게 수적 우위를 허용할 수도 있다. 현재 PSG의 1선은 킬리안 음바페, 곤칼루 하무스, 우스만 뎀벨레가 선발 출전할 가능성이 크다. 이강인으로서는 비티냐와 주전 자리를 경쟁하거나 함께 뛸 수 있는 전술적 움직임을 고민해야 한다. 다행히 마요르카에서 이강인은 수비적 움직임을 습득한 상태다. 이강인과 비티냐가 상호보완적으로 공존하는 방법을 찾는다면, PSG는 양쪽 하프스페이스에서 상대 수비 블록을 허물 수 있는 선수를 모두 갖출 수 있다.

2 0 2 3 2 0 2 4

PSG
GUIDE-BOOK

1ST PUBLISHED DATE 2023. 9. 22

AUTHOR Hong Jaemin
PUBLISHER Hong Jungwoo
PUBLISHING Brainstore
EDITOR Kim Daniel, Hong Jumi, Park Hyerim
DESIGNER Champloo, Lee Yeseul
MARKETER Bang Kyunghee
E-MAIL brainstore@chol.com
BLOG https://blog.naver.com/brain_store
FACEBOOK http://www.facebook.com/brainstorebooks
INSTAGRAM https://instagram.com/brainstore_publishing
PHOTO Getty Images

ISBN 979-11-6978-015-5(03690)